SOUPLESSE

Wilfried de Jong

Souplesse

Sportcolumns

Uitgeverij Podium
Amsterdam

Omslagontwerp Studio Ron van Roon
Foto auteur Lenny Oosterwijk
Typografie Sander Pinkse Boekproductie

ISBN 978 90 5759 978 1

Verspreiding voor België: Elkedag Boeken, Antwerpen

www.uitgeverijpodium.nl

Medelijden met Messi

Er staan drieëndertig camera's gericht op het strafschopgebied. Messi is in veelvoud gevangen. De hele wereld ziet hem staan. Hij kijkt naar de grond, met de handen in z'n zij. Geen fijn beeld. Messi hoort op drift te zijn en met korte pasjes onnavolgbaar langs verdedigers te razen.

Messi is een paar meter verwijderd van de penaltystip. De bal ligt er al op. Het kalkrondje oogt onberispelijk, het is nog niet gebruikt in de wedstrijd van Argentinië tegen IJsland.

Zo dadelijk gaat het vonnis voltrokken worden door de beste voetballer ter wereld. Miljoenen televisiekijkers schuiven naar het puntje van hun zitting, als ze al niet zijn gaan staan.

Onder Messi's voetbalbroek steken witte knokkelknietjes uit; ze maken zijn benen ouder dan ze in werkelijkheid zijn.

Bij zijn acties tijdens een wedstrijd liggen we altijd achter bij Messi. Hij heeft de gave om in *split seconds* iets te doen wat niemand anders verzint. Hij is de verdediger – en ook de kijker – vaak te snel af met zijn idee en uitvoering.

Waar wij nog nadenken, heeft Messi al gehandeld.

In afwachting van de strafschop is er tijd om te piekeren. Dat is niet in het voordeel van Messi. Wat zal er allemaal door zijn hoofd schieten? Die ene ontbrekende beker in zijn prijzenkast, het audiovolume van de televisies in Buenos Aires, zijn matige spel van de afgelopen 65 minuten?

Niemand kan zijn eigen hersens uitzetten, ook Messi niet. Denkt hij aan de strafschoppen die hij nam op de geheime training, aan de keren dat hij er tijdens wedstrijden eentje miste? Zou de IJslandse keeper al zijn strafschoppen bestudeerd hebben? Of ziet Messi de drie doelpunten van rivaal Ronaldo op dit toernooi voorbijflitsen?

Op zo'n vijf meter van de bal staat Messi nog steeds met de handen in z'n zij. De scheidsrechter loopt naar de keeper en gebaart dat hij netjes op de doellijn moet blijven.

De stilstand is bijna voorbij. De scheidsrechter doet een paar passen opzij en blaast op zijn fluitje.

Tijdens de eerste meters van zijn aanloop kijkt Messi nog naar de bal. Hoe hij gaat schieten zit vermoedelijk in zijn hoofd. De bal vertrekt van de stip, halfhoog, maar niet hard en ook niet ver genoeg in de hoek.

De keeper duikt de goede kant op en stopt de penalty. Het geluid van ongeloof kolkt ongeloof door het stadion, zijn thuisland Argentinië zal in schokstoestand verkeren.

Messi draait zich om en loopt in wandelpas het strafschopgebied uit. Na zo'n desastreus ongeluk moet je eigenlijk direct door naar een trauma-afdeling. Controle van hoofd, hersens, bloeddruk en hart.

Plakkertjes op de borst.

Messi moet door.

Er komt alweer een bal zijn kant op gerold. Een van de televisiecamera's weet de aangeslagen penaltymisser van dichtbij te vangen. We zien hoe hij over zijn voorhoofd wrijft en dan een pluk haar naar achteren strijkt. Na zo'n mislukte penalty krijgt iedere beweging een nieuwe betekenis.

Het is de allereerste keer in mijn leven dat ik medelijden heb met Messi.

De sprint van de verkramping

Het koningsnummer van de atletiek is in minder dan tien seconden voorbij. Als kijker kom je ogen tekort om alle details goed te zien. Herhalingen doen hun werk; met chirurgische precisie worden de bewegingen van de sprinters ontleed.

Ik keek naar het hoofd van Usain Bolt.

Waar was de ontspanning op zijn gezicht?

Kenners roemen sprinters als ze tijdens de finale in staat zijn hun wangen losjes te laten schudden als zacht rubber.

Vooraf had Bolt nog grappen gemaakt met de WK-mascotte, collega's, fans en natuurlijk met zijn allergrootste vriend: de televisiecamera. Na de knal uit het pistool merkte hij: ik moet vanavond hard werken. Een paar concurrenten lagen al een metertje voor en helemaal gerust op het snelle, tweede deel van zijn race moet Bolt niet geweest zijn.

In de laatste meters was het gezicht van de kampioen verkrampt. Zijn ogen keken benauwd opzij: er waren kapers op de kust voor het goud.

Ik keek naar de kop van Justin Gatlin.

Waar was de ontspanning op zíjn gezicht?

Zacht rubber? Nee, de verbeten trekken van de Amerikaan deden denken aan strakgetrokken elastieken die op het punt stonden te knappen.

Van ontspanning tijdens inspanning was in deze finale geen sprake: er móést zoveel.

Bolt moest en zou van iedereen gloriëren in zijn losse stijl. Al ver voor de finish zou hij vast gaan lachen, zwaaien wellicht. Hij, het goddelijke icoon met zijn lange benen die pas ophielden bij de navel van andere sprinters.

Gatlin wilde per se revanche op het fluitende publiek in Londen dat hem niet op de baan wilde zien als atleet met een dubbel dopingverleden. De Amerikaanse sprinter heeft jaar in, jaar uit achter Bolt aangelopen en qua persoonlijkheid altijd in zijn schaduw gestaan.

Eén ding moet je Gatlin nageven; het is een doorzetter die het gif van zijn frustraties gebruikte om zich tijdens dit WK op scherp te zetten.

Zo werd het de sprint van de verkramping. Bolt kon niet meer zo heersen zoals vroeger, Gatlin liep niet op souplesse maar op woede.

Na de finish van de honderd meter – normaal toch een extatisch, masculien egomoment – zocht Bolt even naar de manier waarop hij als 'verliezer' afscheid moest nemen. Ondertussen spatte een bozige Gatlin uit elkaar van genoegdoening.

De twee sprinters vonden elkaar op de baan. Gatlin ging als een nederige ridder op zijn knieën. Bolt sloeg hem niet tot de nieuwe koning, daarvoor is Gatlin (35) ook te oud. Hij omhelsde de Amerikaan en feliciteerde hem met de winst.

Bolt beschermde een gehate dopingzondaar tegen het striemende fluitconcert en bewees daarmee – naast al zijn onwaarschijnlijk mooie sprints die hij liep – dat hij een van de allergrootste sportpersoonlijkheden van zijn generatie was.

Duits bloed in de Tour

Terwijl het peloton door Duitsland naar Luik reed, stond oud-Tourwinnaar Jan Ullrich in het plaatsje Korschenbroich met een vlaggetje in zijn hand langs het parcours. Jan lachte verlegen. In een flits moet de sprinter Marcel Kittel langs de stilstaande Ullrich gereden zijn. Ullrich en Kittel, twee grote namen uit de Duitse wielercultuur.

Een 'vieze' en een schone renner.

Een gevallen held en een aanbeden rolmodel.

Ergens, diep in wielerland, liggen tientallen zakken met zielloos bloed opgeslagen. Er staan geen namen op, alleen vage codes die verwijzen naar renners die zich ooit inlieten met de praktijken van de dopingarts Fuentes.

Twee weken geleden bepaalde het Spaanse gerechtshof dat de namen niet openbaar hoeven worden gemaakt. In 2013 bekende Ullrich dat hij klant was geweest bij Fuentes. Sinds die biecht is hij in zijn land aangeschoten wild. Bij de Tour de France werd geen ereplaatsje vrijgehouden.

Meet de Tourdirectie niet met twee maten? Er zijn genoeg gasten en medewerkers waar ook een smet aan kleeft.

De afgelopen jaren zijn veel dopinggebruikers gestraft. Ze zijn tijdelijk, soms voorgoed, verbannen uit de wielersport. Wielrenners van nu durven te beweren dat het profpeloton — op een paar procent na — vrij van doping is.

Ullrich fietste in een schimmige tijd. Landgenoot Kittel moet iedere dag van het jaar opgeven waar hij verblijft zodat hij door een vliegende brigade gecontroleerd kan worden. Fans nemen dopinggebruik minder nauw. Nog altijd schilderen ze de naam van betrapte renners op een spandoek.

Wielerliefde maakt blind.

Je hoort renners van nu soms verklaren dat ze niet weten hoe ze gehandeld hadden in de wereld van het ouderwetse peloton. Of ze de druk van de stille wetten hadden weerstaan.

Jan Ullrich hoeft niet zielig gevonden te worden. Hij wist welk risico hij nam, heeft in zijn carrière goed verdiend en ging een tijd als held door het leven.

Ik keek naar de sprint van Kittel in Luik. Vlak voor de finish had hij geen helpers meer, in zijn eentje moest hij van achterwiel naar achterwiel. Zijn topsnelheid bedroeg 69 kilometer per uur.

Longen, benen, borstkas, luchtpijp; de winnaar stond in brand.

Terwijl Jan Ullrich ontspannen naar de televisie keek, stapte Kittel doodop van zijn fiets, ging op de grond zitten en jankte van spanning en geluk.

Ik had het niet erg gevonden als Ullrich en Kittel elkaar op het podium ontmoet hadden, in het weekend dat oud-bondskanselier en Duitslandarchitect Helmut Kohl werd begraven. De vieze en de schone renner, gebroederlijk in de Tour. Niet vergeten, wel vergeven. Hun omhelzing had de toch al zo Duitse dagen in de Tour de France nóg meer van stromend, Duits bloed voorzien.

De wedergeboorte van Yuri

De alcohol van Rio de Janeiro is allang vertrokken uit zijn bloed en toch wordt de ringenspecialist nog steeds herinnerd aan zijn nachtelijke escapade tijdens de Olympische Spelen. Het hele land was in rep en roer rond 'Yuri-gate'. Nu hing Yuri van Gelder voor het eerst sinds de Spelen weer in de ringen, op de NK in Ahoy. Alles leek nog hetzelfde: die monsterlijke spieren in zijn bovenarmen, de vierkante nek en daarbovenop dat afgetrainde hoofd met het glanzende voorhoofd.

Waarom deed hij het nog, waar haalde hij de energie vandaan?

De ringspecialist is inmiddels 34 jaar maar hij wilde zich per se kwalificeren voor de wereldkampioenschappen in Montreal.

Twee seconden horizontaal hangen tussen de ringen, handstand, zwaai-elementen, omgekeerde breedtestand en in een wolk van magnesiumpoeder eindigen met dubbele salto gestrekt.

Yuri kon het nog allemaal.

Een zucht van opluchting toen hij op het scorebord 14.300 achter zijn naam zag verschijnen; hij was Nederlands kampioen.

Op het toernooi turnde ook Epke Zonderland. Hij had de afgelopen maanden voor zijn studie medicijnen met zijn neus tussen de boeken gezeten. Even de gewone wereld opsnuiven, niet alleen maar de geur van een gymzaal.

Die geestelijke afleiding heeft Van Gelder niet. Af en toe zag ik hem in beeld; hij hing mooi stil aan de ringen in theater Carré en deed zijn oefening boven het festivalpubliek van Lowlands.

Gisterochtend zette hij een foto op Instagram. Van Gelder zat in de auto en lachte ontspannen op de selfie. Naast hem zag ik zijn vader achter het stuur, hij reed zijn zoon naar de finale. De stevige buik van meneer Van Gelder zat goed vastgesnoerd in de gordel.

Er stonden twee icoontjes onder de foto: een hartje voor zijn vader – het was vaderdag – en een rollende biceps ter aanmoediging van Yuri zelf.

Na het behalen van de titel sprak de kersverse kampioen op de radio. Voorafgaand aan het toernooi had hij zijn turncollega's bij elkaar geroepen om het afgelopen jaar te bespreken. Kennelijk moest hij nog wat kwijt. Yuri vertelde dat hij zich weer welkom voelde, ook bij het publiek op de tribune. Na een mislukt jaar deed alle aandacht hem goed.

'Ik ben weer een soort van herboren,' sprak de turner. Hergeboorte. Daar zijn therapieën op gebaseerd: je moet proberen weer helemaal terug te gaan naar het prilste begin. Terug naar je eerste levensjaar met je ouders.

Ik zocht Yuri's foto op Instagram nog eens op. Zijn vader, zo vertrouwd achter het stuur. Boven het portier hing een handgreep, voor als een bocht te scherp wordt genomen. Snel vastgrijpen en vasthouden, dan komt het meestal goed.

Het gebruik van magnesiumpoeder is niet nodig.

Een gevecht tussen onderbroeken

Bep van Klaveren stond in 1955 piemelnaakt op de weegschaal. Een scheidsrechter schoof het contragewichtje langzaam op, net zo ver tot alles in balans hing. In het sportlokaal wachtten mannen met serieuze gezichten op de uitslag. Ik kijk nog altijd graag naar die foto van de weging van Nederlands beroemdste bokser. Hoeveel zou Bep gewogen hebben?

Een weging heeft iets devoots, het is een ode aan het sportlichaam. Elke opgepompte spier maar ook elk randje overtollig vet wordt gezien. De bokser is te bewonderen in zijn blootje. Geen grapjes nu, niet flauw naar beneden wijzen. Je kunt gluren naar het nog ongeschonden lichaam dat uren later de ring zal verlaten met blauwe plekken en bloeduitstortingen.

'Het gevecht van de eeuw' was tussen de onverslaanbaar geachte Amerikaanse bokser Floyd Mayweather en zijn Ierse 'mixed martial arts'-opponent Conor McGregor.

Een bokser versus een straatvechter.

Ik zat in de nacht klaar voor een uitzending via mijn betaalkanaal. Zevenduizend mensen in de arena in Las Vegas hadden een kaartje gekocht. De twee boksers kregen een opkomst langs het publiek. Pas na een kwartiertje kreeg ik door dat het alleen maar om de weging ging, het gevecht was pas een etmaal later.

Met lange broeken aan stonden de boksers op het podium. McGregor moest als eerste gewogen worden.

Hij gaf zijn hippe zonnebril aan een helper en trok toen zijn trainingsbroek uit. Onhandig gedoe. Altijd lastig, die tweede pijp terwijl je op één been staat.

McGregor stond klaar in een strakke, grijze onderbroek. De bebaarde en getatoeëerde Ierse bokser was een mix tussen een barista en een pitbull. Met een paar vingers legde hij, door de stof van de slip heen, zijn pik in de gewenste richting: recht vooruit. Daarna begon hij als een dier in nood te schreeuwen. De fans jankten mee.

Ook Mayweather moest eraan geloven. Hij kleedde zich uit, fatsoeneerde zijn groene slip en ging ook op de weegschaal staan.

Applaus voor twee onderbroeken.

De weging was commercieel, slecht geacteerd, ordinair en een beetje vies. Het was pure boksporno; ik was blij dat thuis de lamellen van de luxaflex dicht waren.

De dag erop heb ik me — eerlijk is eerlijk — laten verleiden tot het zien van de bokspartij. Het was enerverend. McGregor vocht zich met een anarchistische stijl van boksen kapot op de technisch en conditioneel sterkere Mayweather.

Na afloop omhelsden ze elkaar in de ring. Missie geslaagd: er werden honderden miljoenen dollars bijgeschreven op hun bankrekeningen. De boksers ramden zich nog eens lekker op de borst.

En toch zag ik — dwars door al het machismo heen — steeds weer die twee zo goed als naakte mannen voor me, in hun onderbroek tijdens de weging, onzeker plukkend aan hun zaakje.

Daaf met de Losse Handjes

Het raam van de zolderkamer stond op een kier. Jimmy lag in bed, met alleen een laken over zich heen. Het was broeierig warm voor een zaterdagavond in april.

Een tram ratelde voorbij over de Honingerdijk. Hij woonde hier al heel zijn leven, met zijn vader en moeder. Aan de hoeveelheid passerende auto's kon Jimmy horen of de avondspits voorbij was. Dan verdween het geronk beneden op straat en werd Kralingen weer de rustige wijk die het doorgaans was.

Vandaag was alles anders, Excelsior speelde thuis.

Om kwart voor negen was de wedstrijd begonnen en zijn vader zat bij de selectie, al was het op de bank. Na een enkelblessure was hij in de versukkeling geraakt. Slaande ruzie met de coach. Akkefietje met een speler in de gym. Twee keer te laat op de training.

Ze noemden hem 'Daaf met de Losse Handjes'.

Jimmy trapte het laken van zich af, ging op het matras staan en keek naar buiten. De lampen van de vier lichtmasten stonden gericht op het veld dat Jimmy niet kon zien. Een zee van licht, de lucht zilverachtig. Boven de ruis van de stad uit klonk het geluid vanuit het stadion. Een schreeuw, een zucht van het publiek, het fluitje van de scheidsrechter.

Jimmy was nog nooit bij een avondwedstrijd geweest, alleen bij een training. Zijn strenge moeder haatte elke bal die rolde en alleen mocht hij niet naar het stadion; hij moest wachten tot hij na de zomer naar de middelbare school ging.

Staand op zijn bed luisterde hij via zijn mobieltje naar het radioverslag. 'Een ronduit saaie eerste helft in een traag tempo, nauwelijks uitgespeelde kansen. Nee, hier in Kralingen moet na de rust echt nog iets gaan gebeuren voor de 4300 betalende toeschouwers.'

Het stond nog 0-0. Jimmy's vader was aanvaller. Als ze samen op het trapveldje verderop de bal naar elkaar speelden, zag Jimmy hoe behendig zijn vader was, al werd Daaf met zijn 34 jaar een beetje strammer. Vooral met links kon hij alles. Maar hij speelde het hele seizoen al niet. Het bezorgde hem een slecht humeur; hij schold op Jimmy's moeder – zijn tweede vrouw – en werd boos als hij op de PlayStation een partijtje FIFA verloor.

Zou zijn vader tijdens de rust in de kleedkamer zitten of mocht hij met de andere invallers een balletje trappen op het veld? Jimmy zag 'm voor zich: balletje in zijn nek stilleggen, over zijn rug laten rollen en met de hak weer over hem heen laten vliegen.

Jimmy staarde naar de lichtmast. Een ranke staalconstructie van drie hoge palen en dwarsbalken, boven eindigend in een open balkonnetje waaraan de rijen lampen bevestigd waren. Nog nooit had Jimmy gezien dat de stadionlampen een keer vernieuwd werden. Hoe lang konden die dingen wel niet branden?

Terwijl hij met zijn neus tegen het raam stond, kreeg hij een idee. Jimmy trok zijn afgetrapte Nikes aan en sloop zijn slaapkamer uit. Behendig omzeilde hij de krakende trede. Even luisterde hij aan de deur van de woonkamer; zijn moeder was aan het bellen. Jimmy nam de trap naar beneden en stak de Honingerdijk over.

Hij trok zijn Excelsior-cap over zijn voorhoofd en nam het zebrapad. Bij het parkeerterrein sloeg hij rechtsaf, naar de korte zijde van het stadion. Behendig klom hij op een witstenen wc-gebouwtje. Hij kwam bij de kunststof omheining van het stadion uit, trok zich op aan de rand en keek naar het veld.

Dat gras, al was het dat stomme kunstgras, was zó groen. Mensen liepen met plastic bekers langs de tribunes. De speaker riep iets over het reizen naar uitwedstrijden. Hij zag het scorebord, 0-0 inderdaad.

De spelers kwamen het veld weer op. Pas heel laat zag hij zijn vader, die naar de reservebank slenterde en in de dug-out ging zitten. Zijn 24ste wedstrijd als reserve, Jimmy hield het thuis bij in zijn schriftje.

Met zijn hoofd net boven de kunststof muur zag Jimmy hoe de scheidsrechter de bal op de middenstip legde en floot. Excelsior ging in de aanval.

Alle toeschouwers keken naar het verre doel. Jimmy trok zich op aan de muur, liep over de rand en kwam zo bij de lichtmast uit. Hij leunde voorover en kon met zijn linkerhand tegen de lichtmast steunen. Hij slingerde zijn rechtervoet door de lucht en kwam met de zool terecht op een spijltje dat dienstdeed als tree. Om de halve meter zat er zo'n spijltje aan de paal. Zo kon je helemaal tot boven in de lichtmast klimmen.

Hij was bij gymnastiek altijd haantje de voorste geweest. Terwijl Excelsior in de verte een corner kreeg, klauterde Jimmy omhoog. In korte tijd was hij al op de helft. Hij nam even rust en zag hoe de keeper van de tegenpartij de bal klaarlegde voor een uittrap.

Op de tribune onder hem hadden ze nog niets in de gaten. Tot hij in de ogen van een man met een knalgeel hesje keek.

Betrapt.

De man pakte zijn mobilofoon en praatte erin.

Jimmy ging door met klimmen, hij was al op driekwart van de mast. Toen hij zich een halve slag draaide, zag hij de toppen van de huizen aan de Honingerdijk. Daar. Zijn kamer. Het licht stond nog aan.

Er klonk een snerpend fluitje. Jimmy zag duizenden mensen zijn kant op kijken. Hij schrok en voelde voor het eerst zijn voeten trillen op de smalle stangetjes. Het was best hoog. En eng. Nog een meter of vijf en hij was boven in de mast.

Beneden klonk geroezemoes. Jimmy keek omhoog en klom verder, tot hij zijn smalle lijf door een uitsparing in het rooster kon duwen.

Boven.

Hij stond achter de rij enorme lampen. Jimmy voelde de hitte en zag de dikke kabels eruit komen. Het moest hier een meter of dertig hoog zijn. Beneden stonden een paar mannen met gele hesjes wild te gebaren.

'Kom naar beneden!'

Geen denken aan.

Jimmy ging zijn plannetje doorvoeren. Tussen de lampen door zocht hij zijn vader. Hij stond voor de dug-out en hield zijn hand boven zijn hoofd om het licht van de mast uit zijn ogen te houden. Jimmy zwaaide. Zijn vader zag hem niet.

De scheidsrechter had de wedstrijd stilgelegd. Iedereen keek omhoog naar het bakje boven in de lichtmast.

Een van de mannen met een hesje klom ook de paal in. Hij was eigenlijk te dik om het te doen, vond Jimmy, en het ging ook tergend langzaam. Halverwege stopte de man. Hij riep, hijgend: 'Naar beneden. Meteen. Levensgevaarlijk!'

Jimmy piekerde er niet over, ook al keek het hele stadion toe. Hij maakte een toeter met zijn handen en schreeuwde naar de man: 'Ik kom als Daaf mag invallen bij Excelsior! Hij is mijn vader, hij moet spelen. Nu. Anders spring ik naar beneden!'

Met rood aangelopen gezicht gaf de man de boodschap door via zijn mobilofoon.

Vanuit zijn hoge positie zag Jimmy tussen de brandende lampen door dat er allerlei mensen naar de dug-out van Excelsior liepen. Er was zelfs politie bij. Zijn vader holde naar de hoek van het veld en tuurde omhoog.

'Jimmy. Godverdomme! Kom naar beneden. Ben je gek geworden?'

'Papa!'

'Kom naar beneden.'

'Nee, je moet eerst invallen. En scoren.'

Het publiek begon te fluiten. Zijn vader riep weer, maar Jimmy kon hem niet meer verstaan.

De man met het hesje was iets hoger geklommen, nu op tien meter van Jimmy.

'Zeg dat ze Daaf moeten laten scoren,' schreeuwde Jimmy, 'anders spring ik echt.'

'Hou op met die onzin!' riep de man.

'Je gelooft me niet, hè?'

Jimmy zette een voet op de rand van het platform. Onder zich hoorde hij de schrikreactie van het publiek.

'Terug! Ga terug!' riep de steward.

Beneden op het veld zag Jimmy hoe zijn vader door een steward werd meegenomen naar de dug-out. Hij trok zijn trainingsjack uit en overlegde met de twee trainers en de scheidsrechters. In het stadion werd de wissel zelfs omgeroepen, met het verzoek of iedereen rustig wilde blijven.

Er klonk een fluitje. De scheidsrechter wenkte Daaf: invallen.

Na een scheidsrechtersbal kreeg het middenveld van Excelsior de bal. Ze speelden onmiddellijk naar de rand van het strafschopgebied, waar Daaf helemaal vrij stond. De tegenstanders stonden stil, als levende poppen. Daaf kon er zo langs lopen en schoot de bal in de linkerhoek. De keeper dook niet eens.

Jimmy juichte en stampte met zijn voeten op het stalen rooster. In het stadion hield het geroezemoes aan. Na zijn doelpunt liep Daaf meteen naar de hoek waar de lichtmast stond.

'Naar beneden. Nu!'

Jimmy verstond het niet, maar begreep uit de gebaren dat hij nu echt moest komen. Hij keek nog een keer om zich heen. De zee van licht op en om het veld, zijn zolderkamer en verderop de hoogbouw van de stad. Prachtig.

De man met het hesje ging hem voor, naar beneden, voetje voor voetje op de spijlen van de paal. Onder aan de mast stonden suppoosten, politie, brandweer en een fotograaf met een flits die Jimmy verblindde toen hij de laatste treden nam. Hij stapte mis en ging door zijn enkel bij de te hoge sprong naar de grond.

Twee stewards hielpen hem overeind en liepen langs de omheining naar de uitgang van het stadion. Bij de poort stond zijn vader met een verhit gezicht op hem te wachten. Hij haalde uit met vlakke hand en raakt Jimmy half op het achterhoofd. Daaf werd door een paar mensen ternauwernood in bedwang gehouden.

'Je had hartstikke dood kunnen vallen!'

Jimmy keek naar zijn schoenen en begon zachtjes te snikken. Niemand troostte hem.

'Breng hem naar huis, we wonen tegenover het stadion.'

'Dan maken we daar wel een proces-verbaal op,' zei een agent.

Twee stewards ondersteunden Jimmy, die moeilijk liep vanwege zijn verzwikte enkel. Hij zag tussen de tribunes door het verlichte veld. Op het scorebord stond hun familienaam.

'Je hebt gescoord, papa.'

Zijn vader was enigszins van slag, wist even niet waar hij moest kijken met alle mensen om zich heen. Hij vermande zich en trok zijn kousen over zijn knieën.

'Naar mama jij.'

Wat zijn vader bij thuiskomst allemaal ook zou doen en zeggen, het maakte Jimmy niets uit.

'Daaf met de Losse Handjes' had gescoord en hij was erbij.

De etappe van de pijn

Na een val op het asfalt greep Robert Gesink naar zijn onderrug en trok een mond die zo met hem verbonden is, zijn lippen vormden een langwerpige o. De o van au. Op zaterdag had Gesink nog laten zien hoe sterk hij was. Ervaren slalomde hij in eigen tempo naar voren en maakte kans op de overwinning, zeker toen de koploper met een van kramp vertrokken gezicht vlak voor de finish leek op te geven. Uiteindelijk won hij toch en werd de Nederlander tweede.

Een dag later kon Gesink na zijn smak niet verder. Het afstappen was pijnlijk om te zien, maar na een paar uur telde het ongeluk al niet meer. Op hoge snelheid raakte de Australiër Richie Porte van de weg, ging over de kop en kwakte tegen een bergwand. Iedere herhaling van het moment deed zeer.

In dit ongeluk zat de angst voor alle valpartijen verpakt. En niet alleen op een fiets. Ook de noodlottige val van een rotte trap, van een slippende motor in de regen, van een op hol geslagen paard, de val van een baby na een onbewaakt moment tijdens het verschonen.

De nare val van Porte schoot je naar het voorportaal van de dood. Ging hij het redden? Was een afdaling niet te riskant voor het peloton? En, persoonlijker, moest ik in het leven beter oppassen, minder risico nemen, waar en met wie dan ook?

Piekeren na het zien van een zware val is begrijpelijk maar tegelijkertijd onzinnig. Het haalt de vaart uit het leven. Een val overkomt je, de actie gaat voor het denken uit. Je kunt niet anders dan het ondergaan, je moet machteloos afwachten wat het resultaat van een val is. Mankeer je niets? Slechts één schrammetje? Botbreuken? Eeuwige verlamming? Of moet de begrafenisondernemer gebeld?

De enige remedie tegen vallen is – indien mogelijk – doorgaan. En in het peloton betekent dat verder fietsen. Porte kon niets meer. De val had van hem een 'nog nét levende wielrenner' gemaakt. Roerloos liggend op het asfalt kreeg hij een harde kraag rond zijn nek en werd op een oranje baar afgevoerd.

Dit was de etappe van de pijn. Van de gebrokenbottenpijn, de zielenpijn, de pijn van het naderende einde van de carrière van Alberto Contador en helemaal aan het eind, zo bleek, de pijn van onverwacht verlies.

Op de eindstreep gooide Warren Barguil zijn handen omhoog. Hij dacht de sprint gewonnen te hebben van Rigoberto Urán.

Vreugdetranen gleden over zijn wangen. Vijf minuten later kwam de finishfoto in beeld. Haarscherp was te zien dat Urán met een paar centimeter verschil toch had gewonnen.

Een winnaar bestempelen als verliezer. Wrang. Het deed pijn aan de ogen, zeer rond de hartstreek. Au, au, au.

Een broedertwist op het veld

Mijn broer Egbert kreeg een schop in zijn buik. Hij kromp ineen. De lekke voetbal lag naast hem, op het gruizige industrieterrein. Er werd mij gevraagd hard in zijn gezicht te trappen. Na die schop stond zijn neus scheef. Hij bloedde als een rund, zijn witte overhemd zat vol rode vlekken.

Stop!

Filmregisseur Vasil Hristov kwam tevreden achter de camera vandaan. Mijn broer en ik mochten even pauzeren.

Hristov ontvluchtte de oorlog in de Balkan en ging in Nederland wonen. Als mensen vroegen hoe het precies zat in voormalig Joegoslavië kon hij het niet in woorden uitleggen. Daarom verzon hij in 2000 de korte film: *De Scheidsrechter*.

Twee zakenmannen ontmoeten elkaar in een verlaten havengebied, maken twee doeltjes en een bal komt uit de hemel vallen. Een scheidsrechter is er niet, ze kijken naar boven, zelfs God laat het afweten: voetbal als oorlog. Het werd een '*danse macabre*'.

De draaidagen met mijn broer schoten me weer te binnen toen ik gisteren keek naar VVV-Venlo tegen AZ. Bij VVV speelde Ralf Seuntjens, bij AZ stond zijn broer Mats Seuntjens in het veld.

Een broedertwist in de eredivisie.

In de tweede helft kreeg AZ een corner. De bal draaide scherp naar de eerste paal. Ralf Seuntjens stond klaar om te verdedigen. Instinctief kwam hij los van de grond om de bal weg te koppen, maar hij vloog in het eigen doel.

Ralf liet zich voorover vallen en bleef met zijn gezicht in het kunstgras liggen. Met een kleinkind op schoot keek moeder Seuntjens vanaf de eretribune toe hoe zoon Ralf langzaam opstond en voor zich uit staarde.

Mats kwam op zijn broer af. Met zijn hand maskeerde hij zijn mond; spiedende liplezers mochten niet weten wat hij tegen Ralf ging zeggen. Het waren een paar korte zinnetjes. Ik hoefde ze niet te verstaan, de broederliefde droop er zo ook al vanaf.

VVV verloor met 2-0 van AZ. Na het laatste fluitsignaal was Mats weer snel bij de droevig kijkende Ralf. Het was geen tijd voor een dolletje tussen de twee broers. De opwinding vooraf van een sportieve strijd tussen Mats en Ralf was uitgelopen op een klein drama.

Ik dacht terug aan mijn moeder toen ze haar twee zoons zag acteren in *De Scheidsrechter*. Ze wist dat het een film was. Fictie. Nep. En toch, ze kon het niet aanzien; haar kinderen schopten elkaar verrot tijdens een simpel potje voetbal. Het nepbloed op de kapotte gezichten was voor haar onverdraaglijk.

Het zien van het eigen doelpunt van Ralf sneed door de ziel. Moeder Seuntjens had zich vast een heel andere voetbalmiddag voorgesteld. De winst van Mats met zijn club AZ deed er niet meer toe. Ze wist wat haar te doen stond: een zoon troosten.

Inwendige schokdempers

De zandverplaatsing was immens geweest. 20.000 kuub werd van een aanpalend militair oefenterrein naar het circuit van Assen vervoerd om als ondergrond dienst te doen voor een wereldkampioenschap van motorcrosser Jeffrey Herlings.

Crossen is een aanraakbare volkssport. Een eenvoudig brikkie met een gevulde tank, een sappige lap grond en je kunt aan de gang. Lekker rammen door blubber, klei of zand.

Ik woonde altijd in de stad en heb het nooit gedaan. Van motors en brommers begreep ik weinig. Vol ontzag keek ik vroeger naar jongens op straat die aan een opgevoerde Puch sleutelden. Als de onderdelen in een keurig rijtje naast de brommer lagen, wist ik van niets waar het voor diende.

Een carburateur? Een pakking?

Het motorblok was één grote puzzel.

Tien jaar geleden kwam de toen veertienjarige Jeffrey Herlings een keer langs in een televisiestudio. De afspraak was dat hij met zijn motor de studio zou binnen scheuren. Dat leverde vooraf nog een flinke discussie op; een paar cameramannen wilden geen uitlaatgassen inademen, terwijl ze nota bene in hartje Amsterdam woonden.

Uiteindelijk rookte de uitlaat een halve minuut onstuimig in de studio. Een slippend achterwiel, motor uit: daar stond Jeffrey Herlings, overtuigd van zijn talent, toen al zeker van toekomstig succes als motorcrosser in de hoogste klasse.

Over de uitlaatgassen zei hij toen, in smeuïg Brabants: ‘Het is niet goed voor het milieu, maar het hoort er gewoon bij.’

In Assen liet Herlings zich kronen tot ‘eerste Nederlandse wereldkampioen in de MXGP’. Hij won beide manches met overmacht.

‘Twee keer één’, zei hij na afloop over de uitslag. Uit zijn mond klonken de drie woorden als een sportgedicht.

Tienduizenden toeschouwers keken naar de rondjes over het loodzware circuit waar de banden steeds diepere voren in het zand trokken. Voor de hoofdtribune was de ‘finishjump’, een sprong zo hoog, dat Herlings genoeg tijd had om met één hand naar de fans te zwaaien.

Voor zijn lichaam moet het contrast enorm zijn tijdens een race: op de hobbelige ondergrond worden alle botten continu door elkaar geschud, zwevend in de lucht is er niets dan stil suizen zoals een skispringer die net los is van de schans. Tot de motor weer met een klap op de grond landt.

Herlings heeft inwendige schokdempers.

De kampioen is geboren en getogen in Brabant, een ideale omgeving voor ontluikende motorcrossers. Is Herlings nu ook een voorbeeld voor ontspoorde Brabantse jongeren die hun geluk zoeken in illegale wietteelt in het mooie Zuiden?

Je zou zeggen: liever buiten op een motor crossen dan binnen plantjes besproeien.

Tijdens het interview met de NOS duwde Herlings als een volwassen sportman handig zijn stofbril met groot sponsorlogo in beeld. Een gevulde bankrekening, een wereldkampioenschap in de klasse MXGP, champagnevlekken op zijn cap.

Herlings voelde zich op de tijdelijke zandvlakte de koning te rijk.

De sprint der sprints

Terwijl het peloton over de Champs-Élysées denderde, liet de camera vanuit een helikopter zien met hoeveel grandeur het stratenplan van Parijs is ontworpen. Boulevards trekken lange strepen van monument naar monument en de parken liggen in juiste verhouding op de goede plek.

Acht rondjes moesten de renners maken in het centrum. In Parijs ruiken de renners de historie van de Tour de France, de geur van het verlaten nest. Als duiven willen ze terug in het hok.

Het is traditie in de laatste etappe dat de winnaar – al staat hij maar een minuutje voor op de rest – bij het binnenrijden van de stad een paar slokken champagne neemt. Froome nipte uit een plastic glas, want Parijs is ook niet vies van goedkope opsmuk.

Ondertussen zat Dylan Groenewegen verscholen in het peloton, tot het uiterste geconcentreerd om de sprint der sprints te winnen.

Een paar dagen eerder sprak ik kort met de Amsterdammer, bij de start in Embrun. Over het zoeken naar het juiste wiel, het ontbreken van Marcel Kittel. Moest hij wel steeds in een 'treintje' naar de finish rijden?

'Treintjes zijn heel erg 2016,' zei ik nog.

Groenewegen keek me kalm en vriendelijk aan. Daar had je weer zo'n betweter met een tip. Hij wist zelf dondersgoed hoe je een sprint moet aanpakken.

De camera in de lucht toonde afstandelijk de pronkjuwelen van Parijs. Centre Pompidou, de Obelisk, Arc de Triomphe. Er werd ingezoomd op het peloton. Groenewegen werd in woeste vaart naar voren geloodst door twee ploegmaten.

Dit was geen treintje, meer een escorte.

Vlak voor de laatste bocht kwam de Noorse krachtpatser Alexander Kristoff naast hem rijden. De Nederlandse sprinter leek niet onder de indruk. Met een schouderduw zette hij de Noor op zijn plek: 'Weg jij, hier rijd ik!'

Op driehonderd meter voor het einde kwam Groenewegen voorop.

Doorgaans ben je dan een prooi voor degene die achter je uit de wind rijdt. Een sprinter kan daar alleen maar rijden als hij zeker weet dat hij die dag de snelste is.

Het gedrongen lijf ramde op de pedalen. Zijn handen zwiepten het stuur heen en weer. Met 70 kilometer per uur flitste hartje Parijs aan hem voorbij. Duizenden fans aan de dranghekken, terreurbewakers, chique etalages, het zoontje van Froome, de burgemeester van Parijs.

Groenewegen keek naar voren, naar zijn dijbenen, weer naar voren. Wanneer hield de pijn in zijn poten op? Greipel, Bouhanni, Boasson Hagen; ze kregen hem niet te pakken.

Met gebalde vuist reed hij over de streep, hij schreeuwde een paar keer. Tussen flitsende fototoestellen herkende Groenewegen de oranje krullenbos van zijn trouwe verzorger Dries Bos. Ze vielen in elkaars armen.

Zo kom je thuis, in Parijs.

Het was een lieve marathon

Kijk, een onbewolkte lucht. Het is geen weer om hard te lopen op deze bonuszomerdag. Het is geen weer om je hart een opdonder te verkopen, om de botten en pezen in je knie te teisteren. Laat de obers op het terras maar meters maken. Amsterdam buikt uit op zondagochtend.

Toch zet een knal uit het startpistool duizenden marathonlopers in gang. De snelste atleten – voornamelijk Kenianen en Ethiopiërs – zijn vertrokken. Ze lopen de net ontwaakte stad uit en gaan in colonne over het smalle pad langs de Amstel en via de brug bij Ouderkerk weer aan de andere kant terug.

Een marathon heeft lengte, het duurt sowieso twee uur. Tijd genoeg voor het 'verkopen' van plaatjes van Amsterdam en omstreken. De televisieregisseur houdt van het traditionele Nederland. Een molen langs het water. Een dijkhuisje met vitrage. Een omkijkende koe. Sloten als evenwijdig lopende strepen door het groen.

Dan komt de ring van Amsterdam in beeld. Razende auto's vormen een schril contrast met het groepje atleten dat net een tunneltje onder de snelweg neemt. Je mag daar maximaal honderd op de ring, weet ik. De inzittenden denken dat ze snel gaan maar alleen hun auto beweegt; zij houden hun voeten stil.

'Nu komt het minder mooie gedeelte, qua plaatjes van de stad,' zegt de commentator.

Een groepje mannen in fladderbroekjes raast op

hoge snelheid langs een verlaten industrieterrein waar je vlakschuurmachines en betonboren kunt huren, maar ook een aanhangwagen voor het verplaatsen van een grenen bankstel.

Kilometers later klinkt opluchting in de stem van dezelfde verslaggever. 'Ja, dit zijn mooie plaatjes. Het Amstelhotel, Carré en verderop in de bocht de Stopera.'

In het Vondelpark zie ik een jongetje langs de kant meerennen met de koplopers. Hij heeft een korte broek aan en gewone schoenen. Hij loopt zijn eigen voeten voorbij en moet al na twintig meter stoppen. Nu weet hij voorgoed hoe hard een marathonloper gaat.

De twee Kenianen Lawrence Cherono en Norbert Kigen liggen op kop en strijden om de winst. Een man achter op een motor wijst op het gevaar dat ze met hun schoenen in de tramrails bekneld raken. De twee komen het Olympisch Stadion binnen. Na de eindstreep valt Kigen in de handen van winnaar Cherono. Twee blije gezichten.

Een paar minuten later arriveert Abdi Nageeye in een nieuw Nederlands record. Doodop hijgt hij uit, op zijn rug liggend. Iemand gooit een reuzenhanddoek over hem heen. 'Mijn lichaam is naar de kloten maar ik geniet ervan,' zegt de geboren Somaliër in smakelijk Nederlands. Hij toont iedereen zijn glimlach.

Het is rond twaalven in de middag, de temperatuur stijgt tot boven de twintig graden. Van bovenaf gezien weerkaatsen ruiten van Amsterdamse panden het zonlicht, als een knipoog naar de blauwe lucht.

Er werd goed gezorgd voor elkaar en de stad.

Het was een lieve marathon.

Een aureool rond Contador

Tergend langzaam gleed een renner in een rood shirt over een pad door een bos. Van boven, vanuit een helikopter, was het rustgevend om te zien. Gefilmd vanaf een motor keek ik in het van pijn vertrokken gelaat van Alberto Contador. 'Hier is het 23 procent,' tetterde de speaker van mijn televisie.

Zolang de Angliru in het parcours van de Vuelta zit, is er kritiek op het beklimmen van de steile berg. Het zou schandalig zijn om daar te moeten fietsen. Je hoort mij niet beweren dat ik de Angliru voor mijn plezier zou willen beklimmen. Maar schandalig? Tegenwoordig is voor elke berg een geschikt verzet te vinden.

Minder tandjes voor, meer achter.

Profrenners vinden de berg een gemene ploert maar ze roepen niet op tot een verbod. Je maakt een berg zo zwaar als je zelf wilt.

Alberto Contador heeft zoveel bergen voor zijn kiezen gehad; hij kent geen vrees meer. Er is hooguit de zorg dat een ander beter is. En pijn lijden? Laat dat maar aan hem over.

Het laatste deel van de Angliru reed hij solo omhoog, soms begeleid door hijgende politiemannen. Dit was een perfect scenario; de focus op een 34-jarige toprenner die na zijn lange carrière ging stoppen.

Door de regenval besloeg de lens van de camera vanbinnen. Dat kon de cameraman niet weg poetsen.

Op het televisiescherm zat een vage, witte vlek en de Spanjaard reed er middenin.

Een aureool voor Contador.

Het feeërieke beeld was terecht: Contador kleurde het peloton langdurig. Hij was een aanvaller, had dramatische valpartijen, kreeg twee jaar schorsing vanwege clenbuterol in zijn bloed en won de Tour de France, de Giro en de Vuelta.

Wat ik zal missen is zijn manier van klimmen. Contador kwam in bergetappes veelvuldig uit het zadel om met een soepele swing in zijn heupen op de pedalen te staan.

Van een klimmende Contador kreeg je zin om zelf te fietsen.

In het wiel van ploegmaat Wout Poels kwam Chris Froome na Contador over de streep op de top van de Angliru. Hoe sterk Froome ook is, hij blijft je bij als een volgeling van Sky. Altijd zoemen ploegmaten als bijen om hun kopman heen: zonder zijn team geen eindwinst.

En Contador? Hij heeft zich losgezongen van alle merknamen die hij ooit op zijn shirt droeg.

Als eerbetoon mocht hij gisteren bij aankomst in Madrid voor het peloton uitrijden en zwaaien naar het volk langs de kant van de weg. Ik onthoud liever het beeld van Contador op de pedalen in de scherpste bocht van de Angliru.

Dat verbeten hoofd, die swingende heupen en de wil om te klimmen, ten koste van alles.

Het statige Sparta buigt het hoofd

Het eerste stadion dat ik als jongen bezocht, was Het Kasteel in Spangen, Rotterdam. Ik werd destijds meegenomen door een buurman uit de Fortunastraat. De buurman is al jaren dood en de flatjes van drie verdiepingen in mijn geboortestraat zijn gesloopt.

Alles heeft zijn tijd.

Ik zal niet zeggen dat Sparta mij in het bloed zit, maar wel in het hart. Ik hou van de rood-witte banen in het shirt en de plek waar het stadion ligt, een tikje Engels, midden in een oude stadswijk.

Sparta mocht van mij in de eredivisie blijven.

Ik zag bekende mannen uit de stad in Het Kasteel. Mannen met louter voornamen: Hugo, Jules, Ger. Ze zijn heel hun leven fan van Sparta en zullen het blijven.

Dick Advocaat was gehaald om het klusje te klaren. Bij de warming-up voor het duel tegen FC Emmen stond hij met leren schoenen op het kunstgras en meteen was ik niet gerust op die combinatie. Hadden ze op Het Kasteel nooit aan moeten beginnen, aan die nepsprietjes.

Het voetbal van Sparta was traag, onrustig en beneden niveau. Waar waren al die jonge spelers uit de voortreffelijke jeugdopleiding gebleven?

Advocaat stond op, floot op zijn vingers en wees naar het vijandige strafschopgebied waar hij de bal wilde zien: 'In de punt!'

Het ging al snel mis. Na een tussenstand van 1-1

werd Sparta een strafschop onthouden. De scheidsrechter wilde het zeker weten en liep naar een beeldscherm aan de zijlijn om de herhaling te zien. Het staat niet mooi, die moderniteit in Het Kasteel, en het ding is Sparta ook nu weer niet gunstig gezind.

Bij Sparta kan alles maar beter bij het oude blijven. Sparta, dat is de luid meegezongen Sparta Marsch, de Mensch Deelder in pak op het ereterras, met passende vilten hoed en strik op de keel. Sparta is de kleine en familiaire club aan de goede kant van de rivier, waar men het graag fatsoenlijk houdt en nog boeken leest.

Er vlogen pluisjes van paardenbloemen over het veld, dat paste perfect in Het Kasteel. Net als de wapperende vlag op het dak, met dat Spartaspelertje erop dat zo vaardig een bal dresseert. Het ouderwetse beeldmerk is begin vorige eeuw gemaakt door een kunstenaar die nog in het eerste elftal heeft gespeeld.

Nooit iets aan veranderen.

Bij 1-3 liet Advocaat alle hoop varen en ging in een plastic tuinstoel zitten.

De weduwe van clubicoon Tonny van Ede werd in één klap net zo oud als de club — 130 jaar — en stopte haar neus in een verfrommeld Tempo-zakdoekje. Tegen een glazen deur leunde de toekomstige trainer Henk Fraser, de glazen van zijn zonnebril zaten achter in zijn nek.

De statige dame van de eredivisie boog het hoofd.

Na het laatste fluitsignaal stond Advocaat op uit zijn tuinstoel. In ijltempo liep hij de smalle spelerstunnel in, zo'n plastic geval dat je door een harmonicasysteem heel makkelijk inschuift, tot er nagenoeg niets meer overblijft.

Een trui als boezemvriendin

Het was even schrikken toen ik na afloop van een middagje mannenfietsen kijken mijn aantekeningen bekeek. Er stond eigenlijk maar één aardige zin bij: 'Noor zwaait hoog in de bergen met vlag.' De rest van de krabbels schoof ik terzijde. Natuurlijk, de finale was bijzonder: in de laatste kilometers van de WK wielrennen in Bergen vielen er televisiecamera's uit en bleef alleen het statische beeld over van een lege asfaltweg met publiek erlangs.

Maar verder? Peter Sagan kreeg zijn derde regenboogtrui op rij omgehangen en brabbelde weer onnavolgbaar Engels. Het voelde aan als een herhaling van zetten.

De eendaagse wedstrijd voor vrouwen was veel opwindender, met een spannend wedstrijdverloop en het Nederlandse team in een hoofdrol. De eerste woorden uit mijn aantekeningen: 'Putten. Hinken. Hakkenbar.'

Dat behoeft enige uitleg.

De latere winnaar Chantal Blaak viel in een bocht. In het asfalt lagen ronde putdeksels verzonken. Ze glinsterden in de zon, bedekt door kapotte fietsen. Blaak krabbelde op en begon van de pijn te hinken. Ze wankelde als een vrouw op straat die één naaldhak is verloren.

Buiten beeld is de Nederlandse weer op haar fiets gestapt en naar de staart van het peloton gereden. Dat moet een krachttoer geweest zijn. Met de pijn in haar lijf was ze daarna mee in twee beslissende ontsnappingen. Blaak reed in dienst van de kopvrouwen maar rook haar kans toen ze met vaart uit een tunneltje kwam en opeens voorop lag.

Overigens, in datzelfde Noorse tunneltje plasten de heren coureurs een dag later schaamteloos tegen de muur. En dat was dan weer twee dagen na een wildplasactie van vrouwen in Amsterdam.

De demarrage van Blaak behoorde tot die momenten in de wielersport dat alles klopt: ze ontsnapte exact op het juiste moment uit de kopgroep, achter haar werd getwijfeld, Blaak nam honderd meter voorsprong en was opeens kandidaat voor de wereldtitel.

In mijn aantekeningen stonden een paar woorden bij het zien van de juichende Blaak: 'Shirt kapot na val. Modder op schouder heeft kleur chocolade.'

Vrouwen extra glans geven met hun voorliefde voor chocolade; ik geef toe, het is een clichématige toevoeging, gezien door de ogen van een man.

Het mooiste zinnetje uit de mond van Blaak: 'Hij gaat de hele tijd bij me zijn.' Met 'hij' doelde Blaak op haar zojuist gewonnen wereldkampioenstrui. Van mij had Blaak best 'zij' mogen zeggen tegen het tricot, de regenboogtrui als haar boezemvriendin.

Hij, zij, mannelijk, vrouwelijk. Wat doet het ertoe? Wat beklijft is de zo verdiende gouden medaille, vastgehouden door een hand met rode nagels.

Rode nagels. Stom, ga ik weer de mist in.

Ach, laten we het erop houden dat Blaak en ik enigszins in verwarring zijn in deze genderneutrale tijden.

Het ballonnetje dat Feyenoord heet

Als de Klassieker in De Kuip begint, stuur ik mijn auto langs een Amsterdamse gracht. De radio staat aan. Onder nasaal stadiongeluid rijd ik achteruit, omdat de weg is opgebroken in de buurt van het theater waar ik moet optreden. Het regent in Amsterdam net zo hard als in Rotterdam, tot zover een gelijkspel.

Ik vind een parkeerplaats, doe de radio uit en zet het verslag aan op mijn mobieltje. Met de 'wedstrijd' tegen mijn oor loop ik door de regen naar het theater.

Mensen lopen in zondags tempo onder paraplu's. Kunnen ze aan mij zien voor welke club ik ben?

Ik herinner me een Rotterdamse jongen die tijdelijk in Amsterdam woonde. Hij had een hond met de naam 'Feyenoord'. De jongen vond het heerlijk om in het Vondelpark de hond los te laten en dan heel hard zijn naam te roepen.

In kleedkamer 3 van theater Bellevue zet ik mijn laptop aan en kijk naar de wedstrijd. Het niveau is bedroevend. Lange ballen vliegen over de zijlijn, passes komen niet aan. Wat rest is de onderlinge strijd.

Het klassiekervirus is weer even actief. Het sluimert van jongs af aan in mijn onderbuik en wordt twee keer per jaar wakker. Een combinatie van zenuwen, honger, angst, verliefdheid, jeuk en maagzuur.

Er vallen gele kaarten en ze zijn allemaal terecht. Er is meer precisie bij overtredingen dan bij trappen tegen de bal.

Een theatertechnicus komt binnen en hangt de kostuums klaar. Het is rust in De Kuip. Ik loop met hem mee naar het podium. Alles staat klaar; twee hakbijlen in boomstronken, hertengeweien, een hemels achterdoek en mijn contrabas.

'Het staat nog 0-0,' zeg ik.

Na een kwartiertje loop ik weer terug naar de kleedkamer en zie hoe Younes en Berghuis vlak voor de tweede helft vriendelijk met elkaar spreken. Er is kennelijk een fluitsignaal nodig om de rivaliteit op het veld tussen Ajax en Feyenoord te laten ontvlammen.

Huntelaar heeft die blos op zijn wangen, dan weet je dat hij het doel ruikt, zeker in De Kuip. Hij ramt de bal in de kruising en geniet van het vijandige stadion. Jørgensen mist even later een penalty.

Door de kleine speakers van mijn laptop hoor ik de geluiden uit het stadion, uit mijn stad. Het klinkt bijna vertrouwd, naar teleurstelling en apathie. Het ballonnetje dat Feyenoord heet, loopt sputterend leeg.

Mijn theaterkompaan Wim Opbrouck komt binnen na een lange autorit uit Vlaanderen.

'1-4,' zeg ik.

'Ach, jongen,' antwoordt hij en klapt me op de schouder.

Ik doe de laptop dicht en kijk in de spiegel: weer een jaartje ouder geworden, zo lijkt het. Nog even en we moeten spelen.

In de nog lege zaal pak ik mijn contrabas en begin als een wildeman te plukken.

De schaatskont van Koen Verweij

Wulps en dierlijk stond de schaatskont van Koen Verweij naar achteren. De starter richtte zijn pistool op het plafond van Thialf. Verweij tuurde naar het ijs en wachtte op de verlossende knal als begin van zijn comeback.

'Ik schaats vanuit mijn billen,' zegt Verweij in een van de vele filmpjes op internet. Hij staat op de vloer van een sportschool met een elastiek in zijn handen en legt uit hoe fel hij gaat trainen. 'Het moet branden in mijn kont.' Een voice-over kondigt hem aan als de man die 365 dagen in het jaar met schaatsen in de weer was.

Mijn reet.

Als iemand zijn schaatsen links kon laten liggen, dan was het Koen Verweij. Anderhalf jaar lang was hij de weg naar het ijs kwijt. Met Koen-zonder-schaatsen kon je vooral lachen, drinken, eten en scheuren op een Harley Davidson. Een party zonder Koen was geen party.

Het sportlijf werd aangevuld met dertien kilo's aan feestvet. Ik herinner me dat ik Verweij ontmoette als schaatsbroekie. Brutale oogopslag, blonde manen en zinnen vol bluf: hij zou eens even laten zien dat hij beter was dan die Sven Kramer. En inderdaad, de voortekenen waren gunstig.

Toen kwam de klap tijdens de Olympische Spelen in 2014. Op de schaatsbaan van Sotsji verloor hij de

1500 meter met drieduizendste van een seconde van de Pool Zbigniew Bródka. Na afloop van de race kon Verweij niets uitbrengen. De schaatser keek apathisch naar beneden; het 'gewonnen' zilver voelde als een vuistslag in de onderbuik.

De schaatsmacho was een onzeker diertje geworden. Uiterlijk leek hij nog altijd de uitslover, maar van binnen brokkelde het zelfvertrouwen af dat alleen maar te maskeren viel met nog meer uitsloven.

'Eerst een handstand op de plank, een salto en dan met een duik eindigen,' zei hij quasi-stoer op een duikplank op ruim zeven meter hoogte. Koen deed mee aan *Sterren Springen*. Peter Jan Rens en Gerard Joling waren ooggetuigen van zijn sprong. Natuurlijk durfde Koen te duiken. Aan durf nooit gebrek.

Verweij plonsde met scheve benen in het water en verdween in het diepe. Dit weekeinde kwam hij weer boven, met schaatsen aan op het ijs van Heerenveen. In afwachting van het pistoolschot stond de formidabele kont nog altijd parmantig naar achteren, klaar om in brand te vliegen.

De starter haalde de trekker over. In 1500 meter schaatste Verweij het imago van lui feestbeest van zich af. In het blauwe schaatspak zat één bonk spieren verscholen. De kroonprins van Sven nam alleen genoegen met winst. De massastart zette hij twee dagen later ook naar zijn hand. Tweemaal goud.

Verweij slaagde met glans voor zijn comeback – gelukkig – en behoorde weer tot de sterren op het ijs.

Het blikken sukkeltje

Ik voetbal niet meer. Al heel lang niet.

Tot mijn achttiende was ik als linkspoot fanatiek in de weer bij een amateurclub. Na gezeik met een trainer ben ik gestopt; ik duldde geen monosyllabische zakkenwasser die me vertelde waar en wanneer ik moest lopen op het veld.

Voor een bekerverhaal moet ik zo ver terug in de tijd, dat je niet kunt spreken van gedetailleerde waarheidsvinding. Misschien is slechts de helft echt gebeurd van wat ik nu schrijf, misschien een kwart, en is de rest uit mijn duim gezogen. Ik zeg het er maar even bij, voordat een oud-voetbalvriendje contact met me gaat zoeken om te vertellen dat het toch echt allemaal heel anders verliep op dat ene voetbaltoernooi.

Het was vroeg in de ochtend, laag zonlicht. In een onbekende voetbalkantine stonden groepjes jongens in trainingspak, hun sporttassen lagen op een hoop. Aan de muur van de kantine hing een groot stuk karton waarop iemand met viltstift een raster van vakjes had gemaakt. Alleen aan de randen waren woorden geschreven: de namen van de voetbalclubs die tegen elkaar moesten spelen. Ik kende ze lang niet allemaal. Soms kwamen de elftallen van ver en spraken de spelers een dialect.

Op een formicatafel waren de prijzen in een rijtje opgesteld. De beker voor de winnaar stak boven alle andere bekers uit. Op het zilveren plaatje van de sokkel was de datum en naam van het toernooi ingegraveerd. De glimmende buik stond op een protserige poot die taps toeliep. Boven op de buik zat een deksel en daarboven weer glansde een medaille met een voetballer erop die een bal schoot.

De voetballer stond niet op gras, hij zweefde in het luchtruim.

Als aanvoerder van mijn elftal wilde ik deze beker aan het einde van de middag mee naar huis nemen. En het kon. We hadden een jeugdelftal met snelle buitenspelers, een slim middenveld, maar jammer genoeg een keeper die een beetje te dik was.

Het hele toernooi liep ik rond in mijn voetbalkleren, vaak met een trainingspak eroverheen van synthetische kraakstof. Als er per ongeluk iemand met een brandende peuk tegenaan stond, smolt de stof en rook het naar verbrand plastic.

Het waren ellenlange dagen. Soms moest je twee wedstrijden afwachten voor je weer mocht spelen. En dan werd iedereen bij toerbeurt soms ook nog reserve gezet.

Ik herinner me een kontzak achter op mijn voetbalbroek met een zachte Mars erin.

Uit een gammele omroepinstallatie: ‘Om tien over half één begint op veld vier de wedstrijd van de winnaar uit poule A... [geluid van door elkaar pratende mannen, papiergeritsel] ... herstel, om tien voor half één, op veld drie, begint over vijf minuten de winnaar van poule B tegen de nummer twee van poule A.’

Tijdens de lunchpauze lagen we langs de zijlijn in het gras, met allemaal een wit kadetje met jonge kaas in onze mond.

Onze middenvelder met zijn ingezwachtelde enkels vertelde dat hij iedere dag ‘geil’ was.

Als we niet speelden deed ik mijn schoenen uit omdat de schroeven van mijn noppen door de zool heen prikten. Na al die wedstrijden op slechte velden had ik spierpijn in mijn kuiten en last van mijn rug.

Midalgan smeren hielp niet, het stonk alleen maar.

In een loos halfuurtje liep ik langs het scorebord om te kijken of we nog steeds bovenaan stonden in de poule. Het zag er goed uit; we hadden kans op de finale en konden de grote beker winnen.

In de Zaagmolenstraat in het Rotterdamse Oude Noorden had je een winkel waar ze sportbekers verkochten. Met de stang van de fiets tussen mijn benen had ik er een keer naar staan kijken. In de etalage stonden tientallen modellen met hun glansblikken huid te pronken. Het deed me niets, al die prijzen. De bekers hadden nog geen plaatje op de sokkel. In de winkel was zo'n beker een anoniem ding, nog geen echte voetbalprijs.

Het wachten duurde lang. De middenvelder met de hopeloze enkels beweerde, onder water, in een zwembad, een meisje gevingerd te hebben.

We wonnen de halve finale — denk ik — en moesten op het hoofdveld de finale spelen. Ik hield mijn voetbalschoenen nu maar aan, de uiteinden van de losgetrokken veters stopte ik achter de rand van mijn kousen, dan viel ik er niet over.

Vergeelde beelden van een verloren bekerfinale op een jeugdtoernooi: de scheidsrechter had een geamputeerd armpje dat uit zijn zwarte mouw stak. Als aanvoerder op het toernooi droeg ik een blauwe band die steeds afzakte vanwege mijn te dunne bovenarmen. Een strafschoppenserie op een droog veld met kale plekken. De bal neerleggen op een kapotgeschoten kalkstip en in je hoofd prenten dat je op de staander van het zijnet moest richten, dan kwam alles goed.

Een stofwolk als de keeper naar de goede hoek dook.

De grootste beker die ik ooit heb aangeraakt, is de Europacup van 1970. Hij stond in een tijdelijk paviljoen op de Coolsingel. Alle Feyenoord-fans mochten er mee op de foto. Een zwart-witpolaroid. Klaar terwijl u wacht. Moet ik nog ergens hebben liggen. Je mocht de Europacup alleen bij zijn oren pakken, niet optillen. Jammer, want daar gaat het om bij een grote beker: je moet hem optillen en aan het publiek tonen.

We kregen als verliezend finalist een waardeloze beker. Het blikken sukkeltje onder de prijzen. Te klein, te licht. Geen oren aan de cup en het dekseltje viel er om de haverklap af. Het zou belachelijk zijn om dat ding met twee handen boven je hoofd te tillen. Maar goed, alles beter dan een vaantje met sliertjes aan de rand.

Alsof je met het rokje van een majorette in je hand stond.

Als aanvoerder mocht ik de beker naar huis nemen. Het beste kon je hem in je handdoek wikkelen, zei de trainer die eigenlijk te oud was om met jonge jongens op te trekken. De middenvelder met de zwakke enkels had op de terugweg nog meer verhalen over meisjes. We geloofden er niets van.

Thuis bij mijn ouders liet ik de beker zien. Zij vonden hem juist groot en waren zo trots dat het ding op de televisie mocht staan, geloof ik. Maar het kan ook zijn dat hij boven op de kast stond waar je de televisie na een zaterdagavond in kon schuiven. Zoals gezegd, het is te lang geleden, ik weet het allemaal niet meer zo precies.

Uiteindelijk moest de gewonnen prijs terug naar

mijn voetbalclub. Weken later zag ik hem pas terug, in de volle vitrine boven de flipperkast.

Onze kleine beker stond als een beteuterd jongetje in de hoek. Hij kwam nog niet tot aan de matzilveren heup van de trofeeën die al decennialang stonden te pronken en ondanks hun dofheid niets aan glans hadden verloren.

Van Dijk en Nouri in één weekeinde

Verdedigers zijn ondergewaardeerde voetballers. Ze staan te boek als stugge figuren, met een hoekige motoriek en weinig fantasie. Ze lopen de creatieve spelers alleen maar voor de voeten. Nederland, een natie van aanvallers en zeevaarders, gelooft nog altijd heilig in spitsen en avontuurlijke buitenspelers. Intussen telt ons o zo innemende en licht arrogante voetballandje internationaal niet meer mee.

Maar wacht.

Aan de overkant van de Noordzee zette een Nederlandse voetballer in dit nieuwe jaar iets bijzonders in gang. Virgil van Dijk werd voor 84,5 miljoen euro gekocht door het Engelse Liverpool en was meteen de duurste verdediger ter wereld.

Van Dijk debuteerde uitstekend. In de laatste minuten tegen Everton ging hij mee naar voren. Vanaf de cornervlag vertrok de bal, voor het doel maakte de verdediger zich los van zijn tegenstanders: 92 kilo aan spieren en botten steeg op. De kop van Van Dijk stak boven iedereen uit, hij ramde de bal in het net.

Nu aanvallers in de categorie Robben en Van Persie niet meer voorhanden zijn, moet het Nederlands elftal van achteruit met de herstelwerkzaamheden beginnen: Virgil van Dijk is het ideale fundament voor een nieuwe generatie.

Oud-spits Pierre van Hooijdonk sprak zich in *de Volkskrant* uit over het belang van een sterke verdediging: 'Wij raken hier alleen opgewonden van kleine, beweeglijke, technische spelers. We zetten liever een dwerg met een goede inspeelpass achterin dan een tikje houterige, lange vent die goed kan koppen.'

De veerkracht van Virgil van Dijk werd een dag later overschaduwd door een nieuw hoofdstuk rond Abdelhak Nouri. *NRC* bracht het nieuws dat tijdens een echo in april 2014 al een afwijking aan het hart van de jonge Ajacied was geconstateerd. Die afwijking werd door de medische staf van de KNVB destijds als 'ongevaarlijk' beoordeeld.

De familie van Nouri was niet op de hoogte van die medische uitslag. Ze hebben een letseladvocaat ingeschakeld. Ook Ajax heeft een advocaat in de arm genomen. Ver buiten de lijnen van het voetbalveld vindt een strijd om de waarheid plaats.

Verdediging en aanval, ze staan paraat.

Het is een romantische illusie om te denken dat de wereld van professioneel voetbal zich uitsluitend in een stadion presenteert. Een grote transfer van een topspeler hoort eigenlijk thuis op de financiële pagina van een krant, het leven van Nouri is verschoven van de grasmat naar de burelen van juristen en artsen.

De reusachtige verdediger Van Dijk gleed na zijn doelpunt over de grasmat richting de krijsende fans van Liverpool. De energie spatte van zijn glunderende gezicht. Bij het nieuws rond de kleine Nouri werd gemeld dat hij momenteel in 'een zeer lage staat van bewustzijn verkeert'.

Het was – op zijn zachtst uitgedrukt – contrastrijk.

Hard schaatsen is al snel 'verdacht'

Ach, doping is zo makkelijk op te sporen in de schaatswereld. Je hoort een hapering in het interview met de Russische coach, je ziet een verdacht pukkeltje in het gezicht van een van zijn schaatsers en je trekt meteen conclusies. Leugenaars, bedriegers, slikkers.

Na de onvoorstelbaar snelle tijd van Pavel Koelizjnikov op de 1000 meter, zoemde het rond in het o zo brave Thialf: die betrapte Rus had nooit meer mogen schaatsen. Iedereen is tegenwoordig zijn eigen journalist, columnist en fotograaf; een kleine moeite om ook de functie van dopingvorser een schaatsweekendje op je te nemen, toch?

Het is de fans niet kwalijk te nemen. Als het Wereldantidopingagentschap (WADA) de regels niet waterdicht maakt en zo sloom en halfslachtig reageert op het gebruik van meldonium, gaat het schaatsvolk vanzelf morren.

Koelizjnikov had een schorsing gekregen vanwege vermeend gebruik van het middel, dat sinds 1 januari 2016 op de dopinglijst staat. Na een paar maanden werd de schorsing opgeheven. Sindsdien is Koelizjnikov – in zijn juniorjaren al betrapt op dopinggebruik – aangeschoten wild. Zijn coach Kosta Poltavets mocht voor de camera uitleggen hoe zijn pupil die wereldtijd had kunnen rijden.

Vriendelijke ogen in een uitgebeend gezicht keken in de camera. Poltavets vluchtte ooit uit Oekraïne en werd coach van Nederlandse schaatsers. Hij was hier zeer geliefd. Nu hij de Russen begeleidt, wordt hij met argwaan bekeken.

Vanaf de bank dacht ik na over zijn antwoorden.

Poltavets: 'Eerst was ik boos, nu ben ik immuun.'

Zag ik toch enig ongemak op zijn gezicht staan? Begrijpelijk, de druk is groot: Rusland is als sportland terecht in de hoek gezet, na alle dopingperikelen. En een coach die werkt en leeft met topsporters weet altijd meer dan hij wil vertellen.

Poltavets: 'Ik ben voor eerlijke sport.'

Eerlijke sport is een nobel streven. Maar in topsport wordt veel ongelijkheid gecreëerd, al was het maar door de vaak uiteenlopende budgetten.

Poltavets: 'Schaatsen is een andere sport dan bijvoorbeeld wielrennen.'

Zeker, het verschil tussen een wiel en een schaats is groot. Maar de sporten zijn ook met elkaar verweven. Van oudsher zitten schaatsers tijdens hun training uren op het zadel. De coach wil toch niet beweren dat doping in de schaatssport niet zou werken?

Ik ben het eens met de Nederlandse schaatser Kai Verbij, hij werd tweede achter Koelizjnikov: 'Zolang hij niet geschorst is, is hij in mijn ogen clean.'

Schaatsen is allang geen onschuldige Hollandse sport van koek-en-zopie meer. De sport is mondiaal, de commerciële belangen zijn groot, de medische en technische begeleiding is intens en ja, de 'pillenpot' is óók voor iedere schaatser binnen handbereik.

Het is zoals Sven Kramer zei, toen de meldoniumschorsing van Koelizjnikov in april 2016 werd opgeheven: 'Ik zou voor niemand mijn hand in het vuur steken, alleen voor mezelf.'

Het trainingspak van Robin

Zijn sierlijke linkervoet maakt me nog altijd weerloos. Van de grote teen tot het eelt op de hiel, alles staat al twee decennia paraat voor het toucheren van een voetbal. Hij heeft het zichzelf aangeleerd op de stenen van de Jaffadwarsstraat in Rotterdam.

Ik heb het over Robin van Persie; kind uit Kralingen, lefgozer van trainingscomplex Varkenoord, jongeman in De Kuip.

Hij vertrok naar het buitenland om te spelen bij Arsenal, Manchester United en Fenerbahçe. Op zijn 34ste wil Van Persie de laatste periode als profvoetballer slijten bij 'zijn' Feyenoord. Rotterdam wikt en weegt, moppert en juicht. Blijft zijn broze gestel heel? Kan hij zonder morren op de reservebank zitten?

Het terughalen van spelers is een hachelijke zaak. Bij Dirk Kuijt lukte het wonderwel. Zijn geestdrift en kracht waren enorm; hij werd de personificatie van het behaalde kampioenschap.

Zo'n lange dip als Robin van Persie meemaakte in Turkije, heeft Kuijt niet gekend in zijn carrière. Vanwege blessures en de strenge blik van de trainer kwam Van Persie dit seizoen nauwelijks in actie bij Fenerbahçe.

Het krediet van Van Persie is minder groot dan dat van Kuijt. De Katwijker was de brave beschermheer van zijn elftal, voor het oog van de camera meed hij ieder conflict. Van Persie is brutaler, onaangepast.

Geen doetje. Als iets hem niet zint, schieten woorden als rubberen kogels uit zijn mond.

Niet dodelijk, wel pijnlijk.

Ook ik heb mijn twijfels over zijn terugkeer. En toch, ze worden overschaduwd door herinneringen aan de jonge Van Persie. Aan die geniale linkspoot.

Het is zoals met oude muziekhelden: ze hoeven geen spagaat meer te maken achter de microfoon, de stem mag gebroken zijn, de hoogste noot hoeft niet gehaald, als er — zo af en toe — maar even een doorkijkje is naar vroeger.

Als Cruijff in een veteranenelftal met een dikke buik onder een shirt achteloos een bal met de buitenkant voet speelde, was ik gelukkig. Noem het heimwee naar weleer. Niets op tegen, toch? Al word je met weemoed nooit kampioen.

Als Robin van Persie komt, zal hij vermoedelijk nooit een hele wedstrijd spelen. Dat moet hij niet ook willen. Het is al goed als zijn linkervoet bij de warming-up losjes tovert met de bal.

Van Persie in trainingspak is al een attractie.

Twijfelende Feyenoordfans zullen opgewonden raken als hij volgende week het laatste kwartier meedoet in de Klassieker tegen Ajax. Een vrije trap net buiten het strafschopgebied. Van Persie legt de bal zorgvuldig neer en doet een paar passen naar achteren. Handen in de zij, kijken hoe het muurtje staat.

De afloop van de vrije trap hoef ik niet te weten.

Alleen al de massaal ingehouden adem in de Arena, de blikken van spelers en de opwinding bij verslaggevers; die spannende minuut is de terugkeer van Robin van Persie naar Feyenoord volledig waard.

Federer in het tenniswalhalla

Bij een service steeg zijn onderstel op. In slow motion. Twee kuiten zweefden voorbij, gevuld met gespannen spieren. Daarna verschenen zijn roze tennisschoenen. Roze? Wat een kleur. Maar het stond hem goed. Alles staat Federer en klopt aan hem: zijn backhand, zijn opslag, zijn keuzes aan het net, zijn voetenwerk.

Aan zijn gezicht valt niets af te lezen, zelfs niet als tegenstander Čilić hem een tijd in de tang heeft. In de diepliggende ogen van Federer is nauwelijks onzekerheid te bespeuren.

Ik ging op zoek naar imperfectie. Tijdens de tweede set bestudeerde ik zijn bakkebaarden. Was daar dan misschien iets op aan te merken? Maar al snel gaf ik mijn onzinnige missie op.

Bakkebaarden, dat ordinaire woord paste niet bij de tennisheld. Langs zijn oren groeiden – zo verzon ik – 'penseeltjes van zacht marterhaar, gedoopt in Van Dyke-brown.'

Uitkijken dat ik niet volslagen dweepziek werd.

Federer was ook maar een mens, toch?

In Melbourne won Federer zijn twintigste grandslamtitel en iedereen gunde het hem. Hij is een modelsporter waar niets op aan te merken valt. En dat is misschien het enige wat erop aan te merken valt.

Een mespuntje McEnroe zou Federer goed doen.

Op de tribune in Melbourne keek Rod Laver toe. De 79-jarige Australiër wist vroeger alle grandslams in één jaar te winnen, twee keer zelfs, maar in de blik van de oude vos was te lezen dat 'de grootste tennisser aller tijden' nu op de baan stond.

Tijdens de slotceremonie hield Laver zijn mobieltje in de horizontale stand. De oud-kampioen wilde een foto maken van Federer met de beker in zijn handen. Laver tikte ongedurig met zijn wijsvinger op het beeldschermpje; het digitale toestel was de man de baas die vroeger nog met een houten racket tenniste.

In het stadion en op televisie keek iedereen toe hoe Federer na de overwinning het woord nam. Eerst klonken de gebruikelijke bedankjes; voor de organisatie en natuurlijk de ballenjongens en natuurlijk de sponsor en natuurlijk het publiek en natuurlijk zijn eigen team en de familie.

Toen brak Federer. De onderlip begon te trillen, zijn hoofd knikte naar beneden, hij greep met een hand naar zijn ogen en liet de tranen de vrije loop.

Tijdens het minutenlange applaus – het tonen van emotie werd ruimschoots beloond, ja, Federer was dus toch van vlees en bloed – bleef ik met één vraag zitten: waarom huilde hij na het behalen van zijn twintigste grandslam?

Was dit een uiting van blijdschap, vluchtte de stress van de afgelopen weken uit zijn lijf? Of zag ik het inzicht van een topsporter die zich met weergaloos tennis naar een buitenaardse plek had gespeeld waar nog niemand was geweest en ooit nog zal komen?

Federer is beland in het tenniswalhalla.

Op eenzame hoogte, moederziel alleen, met zijn roze schoentjes, een strak bespannen Wilson-racket en twintig grandslamtitels. Behalve hij weet niemand hoe dat voelt.

Moulijn en Keizer in een roeiboot

Zonder om te kijken roeide Piet Keizer met forse slagen over de Amstel. Op de bodem van het gehuurde bootje lagen twee eenvoudige hengels van bamboe. Het visdraad was eromheen gedraaid, de haken zaten in een kurk geduwd. Tussen zijn voeten stond een plastic emmertje; in een laagje grond krioelden wormen.

Op het bankje tegenover Keizer zat Coen Moulijn. Hij droeg een ouderwets pak van Engelse makelij uit zijn modewinkel aan de Langenhorst 253 op Rotterdam-Zuid, waar hij tijdens zijn voetbalcarrière bij Feyenoord in de vrije uurtjes klanten hielp.

Voor het eerst keek Keizer om en liet alleen zijn rechterarm het werk doen. De punt van de roeiboot ging naar links en dreef even later langzaam langs de statige huizen van de Nicolaas Witsenkade.

'Hier zat vroeger veel bliek en brasem, kijken of het nog zo is,' zei Keizer terwijl hij met een handige beweging een touw vastmaakte aan de kade, schuin tegenover de Heineken Brouwerij.

'Piet, ik heb echt nog nooit een visje durven eten uit de Maas. Die beesten zitten allemaal vol met havenslib.'

'We gaan ze ook niet eten. Het gaat om het niksen. Ik vond het vroeger altijd heerlijk, vissen in een heel stille omgeving, alleen of met zijn tweeën eropuit gaan. 's Morgens met de schemer van huis, brood mee, zodat je zo lang mogelijk kon wegblijven. En dan de hele dag niet veel praten.'

Moulijn wreef in zijn handen en keek uit over het donkere water. Zelf had hij zijn laatste levensjaren aan de Maas gewoond, met zijn lieve vrouw Adrie. Ze hadden een mooi uitzicht over de rivier, over de Willemsbrug en Rotterdam-Zuid. 'Wat een drukte hier op straat. Allemaal mensen met rolkoffers. Als ik ging trainen, droeg ik gewoon zo'n zwarte sporttas aan een paar hengsels. Niks wieltjes.'

Keizer prikte een verse worm aan de haak en wierp zijn dobber in het water. 'Coen, wij deden alles nog zelf, toch? Schoenen poetsen, tenue wassen.'

Moulijn liet zijn hengel op de bodem van de boot liggen. 'Smerig, die wormen als aas. Geef mij maar een potje dammen. Tijdens mijn carrière kwam ik elke zondagochtend voor de wedstrijd bij mijn ome Leen Everse. Ik speelde nooit met iemand anders. Dan gingen we zitten, schuiven en denken. We praatten nooit over voetbal.'

Keizer zei niets en staarde naar zijn dobber. Piet was niet zo'n makkelijke prater, wist Coen nog van vroeger. Ze waren elkaars concurrenten als linksbuitenspelers bij het Nederlands elftal, al speelden ze een paar keer samen. 'Net als bij mij liepen de meningen over jou flink uiteen. Dat kwam door de onevenwichtigheid in je spel. Jij was, net als ik, nogal grillig van karakter en kwaliteit, als ik het zo mag zeggen.'

Zonder te reageren trok Keizer zijn dobber uit het water, bekeek de halfdode wurm aan de haak en gooide alles weer achteloos terug.

Er kwamen drie rondvaartboten vlak achter elkaar voorbij. Het gaf zo veel golfslag, dat Keizer en Moulijn de rand van hun bootje moesten beethouden om niet om te vallen. Het water klotste tegen de kade. Spetters op het pak van Coen. Hij wiste het met zijn rechterhand af. Keizer zag het.

'Hé, met rechts? Ik dacht dat jij stijf links was, Coen.'

'Ik was met alles rechts, behalve met voetbal.'

Keizer zocht naar zijn dobber, die door de golven een heel eind van de boot was afgedreven. Hij trok het vistuig weer naar zich toe. Moulijn keek stiekem naar de diepliggende ogen. Keizer, dat was een bijzondere kerel. Heel anders dan hij. Groot, hoekig, stram, hoge schouders, armen iets van het bovenlijf, ogen diep in de kassen, stug haar dat niet naar de kam wilde luisteren.

Op het veld wist je het nooit met Keizer. Die Nico Scheepmaker had er ooit eens een mooie zin over geschreven:

Piet Keizer is sinds lang een synoniem
voor genialiteit, en balverlies

'Beet,' zei Keizer.

Moulijn keek naar de kringen rond de dobber.

'Een brasem denk ik,' fluisterde Keizer.

Terwijl Moulijn zijn broekspijpen iets optrok om te voorkomen dat er knietjes in de fijne stof van zijn pantalon kwamen, draaide Keizer zich zichtbaar geërgerd om naar een stel lawaaiige toeristen: '*Quiet, you fools.*'

De dobber lag weer stil.

'Hij is vertrokken,' zei Keizer.

Chagrijnig haalde hij de hengel omhoog. Er zat geen worm meer aan de haak. Hij pakte een nieuwe uit de emmer, stak het puntje door het tegenstribbelende lijf en gooide weer uit. Er dreef een verpakking van een Big Mac langs de dobber.

'Schiet jij in de hemel nog weleens tegen een bal,' vroeg Moulijn opeens.

'De hemel? Haha. Misschien zit ik wel in de hel; ik heb genoeg ruzie gemaakt met trainers en bestuurders. Nee, ik heb nooit meer de behoefte gehad om te voetballen. Stel, ik sta te kijken en de bal rolt in mijn richting over de zijlijn, dan doe ik een stap opzij.'

'Dat heb ik nou ook,' zegt Moulijn. 'Ik was opgelucht toen ik stopte. Ik realiseerde me plotseling: je hoeft nooit meer te presteren, Coen. Nooit meer die druk, dat was een enorme opluchting. Alleen, ik was financieel niet onafhankelijk.'

Keizer knikte. Hij snapte Moulijn wel. Als zij nu bij Ajax en Feyenoord hadden gespeeld, was het salaris hoog geweest. En misschien was hij dan wel ingegaan op buitenlandse transfers en had Coen werk gemaakt van die mooie aanbieding uit Barcelona in de jaren zestig.

Er klonk laag gedreun over het water. Er kwam een overvolle sloep aan met alleen mannen aan boord. De helft droeg een Ajaxshirt, de rest had een ontbloot bovenlijf vol tattoos. Ze dansten mee op de harde beat en zwaaiden ondertussen naar de twee oude mannen in hun visbootje.

Keizer en Moulijn, het zei ze vermoedelijk niets meer.

'Klaar!' zei Keizer. Hij trok zijn dobber omhoog, gooide de hengel op de bodem en begon het touw aan de kade los te maken. Moulijn schrok een beetje van de actie.

'Rustig aan, Piet. Denk aan je hart.'

'Mijn Ajaxhart blijft toch wel kloppen. En mijn echte hart heeft het al lang begeven. We gaan roeien. Ieder een riem. Links of rechts?'

'Ik zei net toch dat ik rechtshandig was?'

'Gaan we dollen, Coen?'

'Nee, nee...'

Moulijn ging naast Keizer zitten. Precies tegelijk trokken ze aan de riemen. De punt van de boot kwam omhoog door de kracht. Moulijn leefde meteen op van de lichaamsbeweging. De huizen van de Nicolaas Witsenkade verdwenen uit zicht. Ze kwamen in volle vaart op de Amstel uit. Rechts van Moulijn gleed Carré voorbij.

'Weet je dat ze ooit nog een opera over mij wilden maken in Rotterdam? Serieus waar.'

'In De Meer zaten allemaal artiesten en kunstenaars op de tribune naar me te kijken. Ken je Mensje van Keulen?'

'Mensje wat?'

'Ze schreef een gedicht. Het gaat zo:'

Keizer hield even op met roeien en keek omhoog:

'Die ene keer
Waarin hij voorbeeldig, als een God onbewogen
Met een gebaar zo perfect
Het shortje over een slipje trekt:
Piet Keizer, Piet Keizer, Piet Keizer'

Keizer keek met een lichte grijns opzij en roeide weer verder.

'Leg eens uit,' zei Moulijn en hij trok zijn broekspijpen nog maar een keer omhoog.

'Het is wat het is,' zei Keizer.

'Oké, oké.'

Het was druk op de Amstel met allerlei bootjes. Moulijn moest terugdenken aan de zegetocht van Oranje door de grachten in 1988. En aan de verloren finale van 1974. Moulijn zat al niet meer bij de selectie. Keizer wel. Tijdens de finale hing hij op de bank naast trainer Michels, die op links de voorkeur gaf aan de geblesseerde slangenmens Robbie Rensenbrink. Michels en Keizer waren al een tijdje gebrouilleerd met elkaar. In de rust kon Rensenbrink niet door. Keizer dacht te mogen invallen. Tot hij twee woorden hoorde uit de mond van Michels: 'René, omkleden!' René was René van de Kerkhof. Keizer zei niets, deed zijn schoenen uit, is gaan douchen en heeft zich aangekleed.

Moulijn begon maar niet over dat pijnlijke moment.

Door het roeien in hoog tempo waren ze inmiddels aan de rand van Amsterdam beland. Keizer gebaarde dat ze naar de kant moesten varen. Even later stokte de punt in een rietkraag. Keizer sprong aan land en stak daarna genereus zijn linkerhand uit om Moulijn uit de boot te helpen.

'We laten die kloteschuit gewoon liggen. Hier verderop zit volgens mij een goede autodealer.'

Ze liepen een slingerpad af en inderdaad, boven op het talud verscheen een glazen gebouw met allerlei spiksplinternieuwe auto's in de showroom. Keizer en Moulijn liepen naar binnen. Er kwam een oude autoverkoper op het duo af.

'Nee, het is niet waar!' riep de man. 'Pietje, Pietje Keizer. Mijn grote held.' Hij pakte zijn mobieltje, ging naast de oud-Ajacied staan en maakte een selfie. Keizer maakte handig van de gelegenheid gebruik.

'Luister, Coen en ik zijn maar een paar uurtjes terug op aarde. Kunnen we een proefritje doen met een aardig karretje?'

'Coen? Coentje Moulijn? De echte? Dat meen je niet. Ik heb een broer op Katendrecht wonen, in de Tolhuislaan. Wacht, snel nog een fotootje, meneer Moulijn.'

Klik.

Send.

'Natuurlijk mogen jullie een ritje maken. Wat willen jullie? De nieuwste BMW, een Benz, een snelle Japanner, een Volvo?'

De man liep weg van de twee en verdween tussen de nieuwe modellen. Keizer keek rond met een twinkeling in zijn ogen. Moulijn had hem de hele dag nog niet zo opgetogen gezien.

'Wat is er?'

'Ik ben in mijn Ajaxtijd altijd een sentimentele autorijder geweest. Ik ga aan dat stuk metaal hechten. Het deelt lief en leed met je. Ja, ik weet het, het is overdreven. Maar als ik een auto die mij trouw heeft gediend, moet wegdoen, is het alsof ik afscheid neem van een kameraad. Dan klop ik 'm even op de motorkap en zeg: 'Bedankt, ouwe jongen.' '

'Van mijn eerste voetbalsalaris bij Feyenoord heb ik een Austin Cambridge gekocht. Lilakleurig. Kostte toen 5700 gulden. Hij stond bij ons voor in de Boklandstraat. Normaal werd daar dag en nacht op straat gevoetbald, maar dat mocht opeens niet meer van mijn vader. Hij was zo trots, het was de enige wagen in de straat.'

Er klonk een claxon. De autoverkoper stond buiten naast een gitzwarte bolide.

'Een Tesla Model S. Accelereert van nul tot honderd kilometer per uur in slechts 2,7 seconden.'

'Zo'n beetje zoals ik vroeger langs de zijlijn dus,' blufte Moulijn.

'Laat Sjaak Swart het maar niet horen,' zei Keizer.

Hij griste de sleutel uit de handen van de dealer en stapte in. Moulijn nam de andere deur. Keizer startte, maar hoorde de motor niet snorren. Hij keek door het glas naar het verhitte gezicht van de man.

Hij stak zijn duim omhoog: 'Elektrisch!'

'Een echte wagen rijdt op benzine,' zei Moulijn.

Op de ring gaf Keizer vol gas. Ze stoven op de linkerbaan iedereen voorbij.

'Wat vind je van Younes op links bij Ajax?' vroeg Moulijn.

'Handig. Goede dribbelaar. Scoren valt nog niet mee. Jij was beter, Coen. Die eerste meters van jou, weergaloos.'

'Wie speelt er tegenwoordig bij Feyenoord op links?'

'Boëtius. Leuke, onbevangen jongen uit de jeugd, een soort hinde. Hij moet nog uitzoeken wanneer hij wel of juist niet passeert. Jij was beter, Piet. Met die geweldige schaarbeweging.'

'Weet je dat ik die schaar als junior afgekeken heb van Willy Schmidt, die toen voor Ajax speelde? Het meest effectief is de schaar op hoge snelheid. In de grond heb ik altijd het idee gehad dat de schaar misschien wel uit onkunde is ontstaan. Het heeft alles met balans te maken. Tegenwoordig is de schaar een soort voorgerecht geworden.'

Keizer stuurde de punt van de wagen naar rechts, weer snel naar links en raasde langs een auto.

'Gepasseerd!'

'Schrok me rot, Piet!'

'Je bent altijd een beetje angstig geweest. Voor vliegen bijvoorbeeld, net als ik.'

Zonder te praten reden Keizer en Moulijn de hele ring rond Amsterdam. Twee keer zelfs. Daarna sloeg Keizer af, bij Diemen. Hij reed door naar station Bijlmer.

'Dit doe je me toch niet aan, Piet? Uitzicht op de Arena?'

'Neem hier lekker de trein naar Rotterdam. Nog een paar uurtjes in je lievelingsstad.'

'Als ik de Euromast niet kan zien, word ik misselijk.'

'Grapjas.'

'Wat wordt het, de komende klassieker in De Kuip?' vroeg Keizer.

'Ik hou het op 1-1.'

'Ik denk 0-2, voor Ajax dus.'

'Arrogante Amsterdammer!'

'Ik hou van je, Coen.'

'Het is goed, Piet. Wie weet zien we elkaar boven.'

Moulijn stapte uit en zocht naar de ingang van het treinstation. Toen hij omkeek, was de zwarte auto al weg. Keizer was, geheel in stijl, elektrisch en onhoorbaar verdwenen.

De liefdesbaby van Sven Kramer

Spiedende televisiecamera's zien alles in Pyeongchang. We scheren als een roofvogel over de ruggen van de schaatsers en in slomo spatten ijssplinters omhoog als ze door een bocht glijden. Maar er wordt meer geregistreerd dan alleen de sport; de camera's zoomen ongevraagd in op sporters en toeschouwers.

Niets mag de kijker ontgaan.

Zonder het zelf te merken, sabbelde schaatskampioene Carlijn Achtereekte tijdens de huldiging minutenlang op een haarlok. Tijdens het Wilhelmus en het interview na de ceremonie zat het blonde sliertje nog altijd in haar mondhoek; je blééf ernaar kijken.

Op de tribune vergat de koning dat hij in beeld kwam. Hij schreeuwde en zwaaide naar zijn schaatsende landgenoten. Er bestond even geen protocol, de liefde voor sport ging boven alles.

Zo vrij als onze koning zich waande, zo geharnast zaten de Noord -Koreaanse sportfans in het ijshockeystadion. In hun keurige, felrode trainingspakken werden ze gespot toen ze een zang- en dansnummertje uitvoerden. Het staaltje van uniformiteit was ontdaan van spontaniteit en leek een variant op een militaire parade met eindeloze rijen soldaten.

Big Brother Kim is watching you.

Ook Sven Kramer ontkwam niet aan het turen van cameralenzen voor, tijdens en na de race. Zijn sprongen op de trap, slokjes uit een bidon, het wisselen van een hemdje. De 'alfamannetjes' – zo noemt coach Jac Orie de heren in zijn ploeg gekscherend – laten hun lichaam door hun schaatspak heen schemeren. Ze tonen zich steeds weer, kwetsbaar en nagenoeg bloot.

Ik heb grote bewondering voor de toewijding van Sven Kramer. Altijd maar uitgedaagd worden, je steeds weer achtervolgd weten door belagers. En steeds maar blijven winnen in een fabuleuze stijl.

Na zijn gouden vijf kilometer liep hij glunderend rond op het middenterrein. Zich even niet bewust van de loerende camera's deed hij met één handbeweging een dikke buik na, daar waar het vet bij hem al jaren geen kans krijgt om zich te nestelen.

Een andere camera nam onmiddellijk de vriendin van Kramer in beeld op de tribune. Een denkbeeldig zaadje werd door de televisieregie in een paar shots in de schoot geplant. Verwachtte het beroemdste sportstelletje van Nederland een baby?

In allerijl werd een flash-interview met Kramer ingelast. De Grote Verwachtingsshow ging meer voldoening geven dan de gouden medaille van Sven, zoveel was zeker.

Nestgeur hing in de huiskamers. Een topsportbaby, heerlijk.

Zijn vriendin zwanger? De hitsigheid werd meteen weggelachen door Sven Kramer. Nepnieuws van de bovenste plank. Zijn buikgebaar was alleen bedoeld geweest voor de goede verstaander; een kennis had Sven de bijnaam 'dikke' gegeven.

De spiedende camera kreeg een kleur van schaamte. Drie keer op rij een gouden medaille op de olympische vijf kilometer: Sven Kramer heeft een volle buik waarover het voldaan en trots aaien is.

En er kan nog meer bij.

Zo wendbaar als een eekhoorn

Toen ik Lieke Martens voor het eerst zag spelen, zocht ik naar een voetballer — eerlijk gezegd een man — met wie ik haar kon vergelijken. Ze had de gave om op snelheid te passeren en pas op het laatste moment een tegenstander uit te spelen. Wachten tot de voet van een verdediger naar de bal ging en dan, hup, net op tijd erlangs. Met haar lange rushes, vaak eindigend met een schot op doel, deed ze me denken aan Arjen Robben. Martens verdiende een passende ondertitel. Het werd: *Robben met een paardenstaart*.

Vreemd achteraf, een vrouw vergelijken met een man; een kale man versus een vrouw met een bos haar.

Een paar jaar later had het vrouwenvoetbal in Nederland een enorme vlucht genomen. Het nationale elftal kreeg de bijnaam De Leeuwinnen en werd aanbeden door duizenden fans. Lieke Martens groeide bij haar club Barcelona uit tot de beste speelster ter wereld. Wéér zag ik haar los en vrij spelen, met meer kracht, meer souplesse. In 2017 stond ze op één podium met de winnaar bij de mannen, Cristiano Ronaldo.

In de zomer was ik op vakantie in de Provence. Na het zien van een wedstrijd van het Nederlands vrouwenelftal besloot ik een flink eindje te rijden op mijn racefiets. Via een paar zware hellingen kwam ik in een dal terecht op een slingerend asfaltweggetje langs de rivier de Toulourenc. Geen kip te bekennen. Het was stil en warm, alleen de bandjes en de ketting maakten geluid.

Na een scherpe bocht zag ik iets uit de berm schieten. Oranje vacht, wippende staart. Het nam steeds een andere vorm aan. Plat, hoog, uitgestrekt, in elkaar gefrommeld, stilstaand, springend. Ik kwam dichterbij en zag het: een eekhoorn. Het diertje was na een paar seconden alweer aan mijn zicht onttrokken, maar ik had zijn flitsende bewegingen nog in mijn hoofd.

Een vergelijking schoot door mij heen: Lieke Martens was een eekhoorn. Ik stuurde haar een privé-tweet: 'Even je toekomstige bijnaam in het Catalaans opgezocht: "Esquirol". Drie keer raden...'

Een uurtje later kwam haar tegenbericht: '*Hahaha, eekhoorntje*'.

In de snelheid van passeren had ik niet kunnen zien of het beestje op het asfalt een mannetje of een vrouwtje was. Maar het geslacht deed er eigenlijk niet toe. Lieke Martens werd niet meer vergeleken met een mens, haar bewegingen deden denken aan een elegant dier. En die oranje pluimstaart van de eekhoorn was een verwijzing naar haar paardenstaart die tijdens het voetballen in alle vormen rond haar hoofd danste.

Tijdens het EK in 2017 blonk Martens uit in passeerbewegingen. Haar spierkracht was zichtbaar toegenomen en de wendbaarheid leek nog intact. Haar mooiste truc liet ze zien tegen België. Martens kreeg de bal en werd naar de uiterste kant van het veld gedreven, op een paar meter van de zijlijn. Ze stond met haar rug naar het doel toe.

Uitzichtloos.

De bal terugspelen leek de enige optie, zeker ook omdat twee Belgisch verdedigers haar op de hielen zaten. Martens schermde de bal af. In haar snelwerkende hersenpan vol trucs en schijnbewegingen moet het rode pijltje stil zijn blijven staan bij de 'Cruijff-turn'.

Tijdens het WK van 1974 werd Johan Cruijff aan de rand van het zestienmetergebied klemgezet door een Zweedse verdediger die tussen hem en het doel in stond. Cruijff maakte een wegdraaiende beweging die deed vermoeden dat hij eieren voor zijn geld koos. Dan maar niet richting doel.

Maar nee.

Razendsnel haalde hij de bal achter zijn standbeen langs. De Zweedse verdediger wankelde en wist niet wat hij moest doen. Cruijff draaide zijn lichaam soepel en snel een halve slag en had een voorsprong genomen op de tegenstander die van schrik struikelde. Cruijff maakte een grote pas en was met de bal aan de voet vertrokken.

Bijna identiek maakte Martens zo'n schijnbeweging tegen de Belgen. Ze sleepte de bal alleen niet met haar voet de goede kant op, nee, ze maakte een hakje, draaide zich om en versnelde richting het doel. De twee verdedigers waren de weg kwijt, zo erg, dat ze tegen elkaar botsten.

Ik keek een aantal keren naar haar actie en stuurde een berichtje.

Ha Lieke, was jij je destijds bewust dat je de beroemde Cruijff-turn deed?
'Ja, die doe ik regelmatig, maar die op het EK was extra mooi omdat er twee tegen elkaar knalden :).'

Wanneer besluit je 'm te doen?
'Ik doe veel op intuïtie en die komt vaak in me op.'

En wanneer vind jij 'm perfect uitgevoerd?
'Als ik met de rug naar het doel sta en voel dat de tegenstander aan de binnenkant zit, dat is voor mij het perfecte moment om het te doen. Ze verwachten vaak dat ik binnendoor ga, maar dat is juist een goede kans om buitenom te gaan.'

Wat is het moeilijkste, het perfecte hakje of je hele lichaam een slag draaien?
'Het perfecte hakje, want soms krijgt de verdediging ook goede rugdekking.'

Soms blijft een passeerbeweging je meer bij dan een doelpunt. De turn van Lieke hoort daarbij. Het is zo overtuigend gedaan en met besef van voetbalhistorie. Natuurlijk heeft ze naar Cruijff gekeken. Je zou gek zijn om als Nederlandse speler in het vrouwenteam van Barcelona niet van Cruijff te leren.

Ik spreek met mezelf af Lieke niet langer te vergelijken. Niet met Robben, niet met een eekhoorn, niet met Cruijff. De tijd is aangebroken dat vrouwen (en mannen) in het voetbal moeten proberen om, al is het maar een beetje, Lieke Martens te worden. Zelfs alle eekhoorns op aarde, van de vale exemplaren in Battery Park in New York tot de frisse pluimstaarten in Zuid-Frankrijk, kunnen nog iets opsteken van de bewegingen van Martens.

Hollen, inhouden, stilstaan, schijnbeweging, draaien en wegwezen.

Zo moet het.

Het is goed huilen bij sport

De herinnering aan de Olympische Spelen is als een zuchtboertje na een avond tafelen. Het eten is al gezakt maar de smaak keert weer even terug in neus en mond. Sport is ingewikkelde materie; het is een samenspel van training, aanleg, psychologie, timing, opvoeding, jaloezie, technologie en doorzettingsvermogen. Terwijl een wedstrijd in sport juist heel simpel is: je wint of verliest en iedereen legt zich uiteindelijk bij de uitslag neer.

Tijdens een olympisch toernooi is er geen referendum over een referendum. Er klinkt gejuich aan de ene, gekerm aan de andere kant. Het spelletje is over, al mag een belangrijk sportmoment tegenwoordig nooit rustig bezinken. Na de finish is de geschiedenis nog maar half geschreven, het interview naderhand bepaalt ook voor een deel het succes en de herinnering.

Eenvoudige zinnetjes of typeringen door verslaggevers kunnen eeuwigheidswaarde krijgen. 'Timmertje, Timmertje, wat ga je doen?' is er zo een, bij de winnende race van Marianne Timmer, destijds tijdens de Spelen in Nagano.

Zo heet shorttracker Suzanne Schulting voortaan De Stuiterbal. Op verjaardagen, in winkels, en in het openbaar vervoer zal ze het horen. Al zit ze thuis nog zo kalm als een poes in een hoekje te snorren na haar schitterende overwinning in Zuid-Korea, ze wordt gezien als een spring-in-het-veld. En eerlijk gezegd, ik heb het wilde interview na haar overwinning ook nog op mijn netvlies; mijn beeldscherm was te klein voor haar extatische woorden en bewegingen.

Kjeld Nuis kan ook niet meer over straat in Nederland. Dat is de keerzijde van zijn gouden medailles. Al bij het overschrijden van de finishlijn na de bloedstollende 1000 meter heette hij Koning Nuis en Held Nuis. Zijn voornaam Kjeld vind ik juist mooi passen bij dat gretige hoofd dat zo ontstellend laag over het ijs scheerde.

Ik heb een hekel aan het clichématige zinnetje 'sport is emotie'. Omdat muziek ook emotie is. Of een speelfilm, een afgeknald ree in een bos, een vorstelijk uitzicht of een wolkenpak. Sport heeft niet het alleenrecht op emotie. Maar toegegeven: sport heeft een heel directe lijn naar de hartstreek (of de onderbuik, of de hersens, net wat u wilt) en gaat door vetlagen heen.

De ontlading van Nuis nadat hij twee keer goud won en Schultings interview na afloop van haar race zitten in het collectief geheugen. Half Nederland zat (of stond) afgelopen week snotterend voor de televisie. Ik ook, ja. En de week ervoor ook.

Het is lekker huilen bij sport. Je hoeft het nooit uit te leggen en het geeft een mens de nodige lucht. Sport helpt het dagelijks leven te relativeren. In die zin was het kijken naar al die winterse wedstrijden troostend. Net als – precies – een goede maaltijd.

Lekker eten is nooit ver weg, op de Olympische Winterspelen moet je vier jaar wachten.

Een ijskoude druppel aan de neus

Over de zompige *strade bianche* fietsten poppen van klei. Onder de bandjes verdwenen de sporen van volgauto's, busjes, motoren en ook de voetafdrukken van toeschouwers die met ijsmutsen op een stukje meeholden met hun favoriet.

Van bovenaf leek Toscane bedrieglijk veel op het landschap van de hoogzomer, met groene cipressen op de heuvelkammen en de rijen olijfbomen tegen de flanken.

Maar de winter had nog geen afscheid genomen.

Op twaalf kilometer van de finish in Siena zag ik in een achtertuin een omgevallen stapel plastic tuinstoelen liggen naast een leeg zwembad, groen uitgeslagen door alg.

Er hing nog een ijskoude druppel aan de neus van Italië.

Het vrouwenpeloton mocht het eerst over het parcours, de RAI zond live uit. In de stromende regen fietste Anna van der Breggen alleen op kop. Terwijl ze door het slijk ploegde, reed een motor met sproeiend achterwiel veel te dichtbij. Tot twee keer toe riep ze — in puur Hollands, met een h — 'Hé!' tegen de motorrijder.

Met een vertragende camera eenmaal naast haar was pas goed te zien wat deze tocht over onverharde wegen deed: een doorleefd zandgezicht, uitgeslagen van regen en kou. Haar oogleden wisten als slome ruitenwissers vuil van haar netvlies.

Toen viel het beeld weg.

De vaste camera's maakten plaatjes op en rond Piazza del Campo, het schelpvormige plein waar de eindstreep getrokken was. Wachtende carabinieri, de uitverkoop van Motivi, een natte duif onder een dranghek.

Publiek stond er nauwelijks, de voorverhalen over deze klassieker stonden op pagina 28 van de roze sportkrant. De Italianen hielden nog winterslaap.

Zou de RAI meer televisietechnici laten uitrukken voor een verkiezingsbijeenkomst dan voor een vrouwenkoers? Zien Italianen liever de artificiële botoxlach van Berlusconi dan het naturelle masker van winnares Anna van der Breggen?

O, ironie van een machocultuur; tijdens de mannenwedstrijd was de live-televisieverbinding weer op orde.

Eerst weer beelden vanuit de heli. Alsof een reuzenhand met een kwast een lik okergele verf door het landschap had getrokken. En dan weer op de grond, met die besmeurde koppen op de onverharde wegen. Wout van Aert en Tiesj Benoot reden als aanstormende voormannen op kop.

Flandriens van nu dienden zich aan in middeleeuws Italië.

De absolute winnaar van de Strade Bianche was het parcours zelf. Deze klassieker is een veelkoppig wezen; vuil en lyrisch, feeëriek aan de finish, hels onderweg.

Aan de voorkant zagen de coureurs er door het slijk uniform uit, als zwart-witsoldaten, maar op hun schone ruggen schreeuwden de kleuren en de typografie van de wielershirts.

Van de winter naar het vroege voorjaar; omslag in één oogwenk.

Ik moet er maar voor uitkomen – nog voordat Vlaanderen en Parijs-Roubaix verreden zijn: de Strade Bianche is een ideale versmelting van natuur met het wielrennen en daarmee voorlopig de mooiste klassieker in het voorseizoen, voor man en vrouw.

Ongelooflijk dat de Italianen dit nog niet beseffen.

Het fallussymbool in de pits

De mannetjes in hun overalls kunnen op verjaardagen trots over hun beroep vertellen: ze zijn monteur in de Formule 1 en werken samen met Max of Kimi. De mannetjes houden van sleutelen. Ze snappen de romantiek van een garagemuur vol sleutels, keurig in volgorde van grootte en omrand met een dikke viltstift.

Een bolide moet net zo exact lopen als een uurwerk in handen van een horlogemaker. In de trainingen zoeken de mannetjes naar de juiste afstelling. Tijdens de race is de pitstop hun zenuwenklus, in een paar seconden moeten er vier banden gewisseld worden.

Het belangrijkste wapen is een *wheel gun*.

Het ding lijkt op een zware boormachine met een duimdikke kabel eraan. Maakt meer dan 10000 toeren. Het fallussymbool in de pits. De pitspoezen zijn van het toneel verdwenen, maar dat weerhoudt de mannetjes er niet van om als cowboys in overalls met hun 'gun' in de aanslag te staan.

De Grand Prix van Melbourne was een saaie race. Niemand kon passeren op dit circuit. Max Verstappen bracht zichzelf vroeg in de problemen en reed zielloos op een zesde plek. Alleen de opwinding rond de pitstop kon de wedstrijd nog dragelijk maken.

Daar kwam Kevin Magnussen van het team Haas aan. De vier mannetjes hadden hun wheel gun in de aanslag. De bolide kwam precies op de goede plek tot stilstand. De mannetjes doken op de wielen.

Zzzzzz!

Wheel guns on fire. Los die schroef. Oude banden weg. Nieuwe banden erop. Zzzzzz! Auto omlaag. Gas, en weg was Magnussen alweer.

De mannetjes schreeuwden en keken de auto na. Aan de paniek zag je: één wiel was niet goed vastgedraaid. Ze werden ter plekke een jaartje ouder. Even later stond Magnussen stil op de baan.

De tweede bolide van het team – met Romain Grosjean achter het stuur – kwam aangereden. De mannetjes moesten weer aan het werk.

Zzzzzz! Los. Zzzzzz! Vast.

De auto scheurde weg. Een van de mannetjes in de pits zwaaide wild met zijn armen in de lucht. Wat? Nóg een keer fout? Schroefdraad en wielnaaf hadden kennelijk weer ruzie. Grosjean viel sputterend uit.

Niet de hoge snelheid bepaalde deze race, maar juist het moment dat twee bolides stilletjes een paar decimeter boven het asfalt hingen.

De mannetjes grepen naar hun hoofd, verpakt in een helm. Door hun vizier heen zag ik verslagen gezichten. De wheel guns lagen als stille getuigen in de hoek.

Zie ze liggen op hun rug; de mannetjes in hun hotelbed, starend naar het plafond. In hun hoofd draaide onophoudelijk de schroefkop van de wheel gun. Zzzzz! Het was een duizelingwekkend toerental maar verdomme: het klonk niet goed.

Een wheel gun kun je niet aanwijzen als hoofdschuldige, beseften ze. Dit was hun fout.

De mannetjes woelden en konden de slaap niet vatten.

Roerloos naast de kasseien

Hoe vertel je over noodlot als de ander nog van niets weet? En vooral, wanneer vertel je het? Meteen? Of nee, eerst even zitten. Met een lange aanloop of juist zonder al te veel omhaal? De gevallen renner lag in een bevroren houding in de berm van de tweede kasseienstrook van de dag. De camera op de motor registreerde een paar seconden en reed weer door.

Parijs-Roubaix was in volle gang. Schermutselingen in de kopgroep, lekke banden, losgeschoten bidons, ontsnappingen. Maar de beelden van die renner – roerloos liggend op het gravel – bleven zeuren in hersens en maag.

Er kwam een kort bericht; het zou gaan om de jonge Belgische coureur Michael Goolaerts. Hij werd, mogelijk na een hartstilstand, langs de kant van de weg gereanimeerd.

Wij wisten het nu, de renners in koers vermoedelijk nog niet.

Was het verstandig het slechte nieuws te melden via de oordopjes? Zouden zijn ploegmaten verder rijden?

Op 18 juli 1995 komt Erik Breukink over de finish na een zware bergetappe in de Tour de France. Fabio Casartelli is die dag overleden na een val in een afdaling. Iedereen weet het, hij nog niet.

Breukink vraagt een verzorger om een blikje drank. Een kring van journalisten staat om hem heen. 'Heb je gezien wat er gebeurd is op de Col de Portet-d'Aspet?'

Breukink vertelt zoals een wielrenner vertelt. Ja, en hij was daar zelf ook gevallen, had nog gezien dat er een renner van Motorola 'slecht bij lag'. En was weer doorgereden. Dan krijgt Breukink te horen dat Casartelli dood is. Zijn ogen zijn niet te zien door een zonnebril maar de mokerslag is af te lezen aan zijn gelaat.

'Godverdomme,' zegt hij en het is stil.

Peter Sagan reed op slinkse wijze weg uit de kopgroep. Met nog ruim 50 kilometer te gaan leek het een te vroege poging om te ontsnappen en toch sprokkelde hij al snel een halve minuut bij elkaar. Hoe hard de achtervolgers ook reden, ze kwamen niet dichterbij. En toch, echt boeien wilde deze versie van Parijs-Roubaix niet.

Zat de noodlottige val in de weg?

Meer nieuws: Goolaerts was met een helikopter vervoerd naar het ziekenhuis in Lille. Volgens de organisatie verkeerde hij in levensgevaar.

Winnaar Sagan was blij met zijn overwinning. Ik keek naar zijn lachende kop: wist hij het al, van het ongeval? Door een sierlijke hand werd de naam van de winnaar in een zilveren plaatje gegraveerd.

Letters voor de eeuwige roem.

Parijs-Roubaix is een onoverzichtelijk evenement over een lang parcours. Daar geldt het wielercliché: de koers stopt voor niemand. Het is een tweede natuur van de coureurs om altijd maar door te gaan. Blijven fietsen zo lang het kan.

De tijd stilzetten doen wielrenners pas na de finish.

De dwangneuroses van Nadal

Vlak voor aanvang van de finale in Parijs ging Rafael Nadal in de weer met zijn twee plastic flesjes. Al sinds jaar en dag kunnen ze maar op één manier staan, vindt de Spaanse tennisser. Met de finesse van een maanlanding plaatste hij ze schuin achter elkaar op het gravel.

Aan het net stonden de scheidsrechter, tegenstander Dominic Thiem en twee ballenkinderen al klaar voor de toss, maar Nadal deed de hele flessenprocedure nog een keer over, tot ze perfect stonden.

Een vreemde gewaarwording.

Als je partner iedere avond aan tafel minutenlang manisch en secuur blijft schuiven met mes, vork en lepel, bel je voor psychiatrische assistentie: 'Kunt u helpen, ik heb hier thuis te doen met dwangneuroses.'

Nadal was eindelijk klaar. Hij pakte zijn racket, sprong op en stapte – met zijn goede schoen, bijgeloof natuurlijk – tussen de witte lijnen. Tijdens de toss bleef hij op ruime afstand staan toen het muntje viel.

Ook weer raar.

Voordat hij serveert, werkt Nadal altijd een heel arsenaal aan handbewegingen af. Op Roland Garros kreeg hij in de finale een vermaning van de scheidsrechter omdat het ritueel te lang duurde. Nadal was niet eens boos; hij begreep het wellicht maar deed bij de eerstvolgende opslag alles weer doodkalm hetzelfde.

Hij kan niet anders, het zijn de trekjes van Rafa.

Na het slaan van een service wordt de neuroot Nadal overvleugeld door de tennisser Nadal. Dan lijkt hij verlost van 'alles wat moet' en tennist hij zo vrij als een vogel. Instinctief loopt hij naar de goede hoek, kiest hij voor de beste slagen met de juiste richting en snelheid.

In de pauze tussen de games verschenen graphics met wetenswaardigheden over het spel van de Spanjaard; over zijn opslag, zijn returns en zijn 'winners'. De plaatjes deden voor een moderne speler als Nadal nogal ouderwets aan.

Het wachten is op een geavanceerde techniek die me tot diep in het hoofd van Nadal brengt. Ik wil kunnen zien hoeveel zenuwen op springen staan als hij een kanonskogel op zich af ziet komen. Welke prikkels vanuit de hersenen krijgen zijn machtige dijbenen en bovenarmen als hij naar een hoek sprint?

Nadal won de finale van Roland Garros alweer voor de elfde keer. Op gravel kent hij zijn gelijke niet. Tegenstander Thiem deed zijn uiterste best om haarscheurtjes in het bastion te beuken maar was kansloos.

Na het laatste punt op het gravel van Parijs gingen Nadals armen omhoog. Dat had ik al eens eerder gezien; tien keer om precies te zijn. Nadal deed zijn haarband af, zwaaide naar het publiek en liet een paar tranen tijdens een flash-interview. Daar was de beker, voor de elfde keer.

Het torsen van de Coupe des Mousquetaires boven zijn hoofd is verworden tot Nadals fijnste dwangneurose.

We werden mannen

Ieder seizoen moesten mijn ouders een grotere maat voetbalschoenen voor me kopen. Onder mijn neus verscheen een waas van donkere haartjes. Er was geen ontkomen aan; ik groeide aan mezelf voorbij.

In het jeugdelftal op mijn voetbalclub vertrouwden we elkaar veel toe. Maar niet alles. Stoer zijn was het devies. Twijfel werd naar de hoek van de kleedkamer geveegd. Alleen uitslovers deden ertoe, de rest was publiek.

Het trainingsveld oogde nagenoeg het hele seizoen als een moddervlakte: soms glibberig, dan weer droog en stoffig. De bal rolde nooit zoals je wilde. Als de trainer langsliep tijdens het over en weer schieten met binnenkant voet, hoopte ik maar dat de kluiten me gunstig gezind waren. Ik hoefde niet met smoesjes aan te komen voor een bal die onder mijn schoen doorschoot; iedereen trainde op hetzelfde, schaars verlichte kloteveld.

Terug bij het clubhuis ontdeed ik mijn voetbalschoenen van het ergste vuil met behulp van twee omgekeerde borstels. Bij regenval woog mijn Adidas-trainingspak twee keer zo zwaar; de stof was volgezogen met modder. De broek en het jasje verdwenen in een sporttas van zwart skai.

Het geel-blauwe voetbalshirt met lange mouwen uit, hemdje uit. Tepels op de tocht. Het moment kiezen wanneer het blauwe, satijnen broekje uit kon. Nu dat doorgeschoten jongenslijf nog schoon wassen. Met een handdoek bungelend voor mijn kruis wandelde ik quasi achteloos naar de douches.

Op je beurt wachten in een ruimte vol stoom.

De jongens die op de dag met brede soulpijpen over straat liepen, zeepten zich in met shampoo van het merk Brut. De geparfumeerde geur bleef in de ruimte hangen. De onbekende zeep in mijn plastic bakje mocht geen naam hebben.

Een jongen hield zijn hand tegen de openstaande kraan. Koud water spoot alle kanten op. Gillen. Zo vaak mogelijk de lach halen. Klinkende, stinkende winden. Gele pisstralen vonden tussen het schuim hun weg naar het putje.

Onder de douche keek iedereen naar iedereen. Zonder iets te zeggen over alle maten en soorten. Scheve en rechte, grote en kleine, zwarte en witte pikken. Katholieke en heidense klootzakken. Blonde, rode en Surinaamse krulletjes in de schaamstreek.

De ene dag op de club voelde ik me al een hele kerel, een volgende dag nog maar een halve bink.

In de kantine dacht ik aan cola terwijl ik bier dronk. Van shag roken kreeg ik duizelingen en hoestbuien. Ik lachte mee om het opblazen van een condoom en bij het onklaar maken van de flipperkast.

'S Avonds op de fiets naar huis. Al rijdend de dynamo tegen de voorband duwen. Het licht van de koplamp bescheen het parallelle fietspad langs de Argonautenweg. De sporttas onder de elastieken kreeg trappen om toch vooral recht op de bagagedrager te blijven liggen.

Ik ging ons huis binnen via de achterdeur. Tas in de hoek. De hond sprong tegen me op. In de keuken rook het naar warm eten dat mijn moeder op een bord schepte. En nog een keer. Mijn hongerige jonge lijf schreeuwde om gevuld te worden.

’s Nachts onder de dekens van mijn opklapbed was voordeel te halen uit de groeispurt. Geen van mijn voetbalvrienden hield zich nog aan het vrome ‘handjes boven de dekens’. We waren niet gek. De wereld lag aan onze voeten. Dachten we. Een ding was zeker: wij, de jongens van de club, werden mannen.

Al duurde het nog even.

Courtois duikt niet, hij vliegt

Zijn voeten zullen regelmatig een nacht lang over de rand van een matras hangen. De Belgische Thibaut Courtois is 1,99 meter. Als zijn lichaam bij warm weer uitzet, kan hij de twee meter halen. De lat van het doel hangt op 2,44 meter. Als een doelman zonder te springen de lat kan aanraken, maakt het indruk op een tegenstander. Dan resten alleen nog de linker- en de rechterhoek, maar ook daar is Courtois snel in de buurt. In de slotfase van de kwartfinale tegen Brazilië stond Neymar op de rand van het strafschopgebied. Terwijl de bal werd aangespeeld, keek hij nog even snel waar keeper Courtois stond.

Secuur draaide Neymar de bal richting de lat. Courtois had net een stap naar rechts gedaan om in het midden van het doel uit te komen en moest meteen de andere kant op.

Dit was geen duik, dit was een vlucht.

Terwijl Courtois in de lucht hing, hield hij de bal in het vizier.

Neymar keek toe. Ging de aanvaller zijn gram halen na alle commentaar op zijn theatrale valpartijen? De bal zou zomaar net onder de lat in het doel kunnen vallen.

Tijdens het WK van 1970 in Mexico kopte Pelé voor Brazilië steenhard op het doel van Engeland. Hij schijnt al 'goal' geroepen te hebben. Maar net voor de bal over de lijn ging, was daar de hand van keeper Gordon Banks.

De Britten beweerden: *'The save that stopped the world.'*

Nog altijd zweefde Courtois door de lucht, gehuld in zwarte kleding. Ik hou van keepers in het zwart. Overleden doelmannen als Lev Yashin en Frans de Munck hebben vanwege hun stijl en donkere keeperstenue de eretitel 'Zwarte Panter' gekregen.

De door Neymar geschoten bal zette de daling in. Hij kon nog uiteenspatten tegen de lat, of de onderkant schampen. De zwaartekracht was onverbiddelijk voor Courtois, hoger kon hij niet komen. Nu moest hij zijn rechterarm in stelling brengen. Was die lang genoeg? Hij spreidde zijn vingers, dat scheelde weer een paar centimeters.

De bal schampte de zwarte handschoen.

Over.

Al vallend zag Courtois hoe de bal achter het doel belandde. Hij stond op, opende zijn mond en perste er een oerschreeuw uit: België stond in de halve finale.

Frankrijk is de komende tegenstander.

De vraag is: hoe passeer je Courtois?

Leg de keeper met de armen gestrekt boven het hoofd evenwijdig aan de doellijn en reken uit hoeveel ruimte er links en rechts overblijft.

Weinig.

De Fransen gaan zijn keeperswerk tot op het bot ontleden. Ze zullen zien hoe hij ballen uit de lucht plukt en zich opstelt bij vrije trappen, ze weten hoe hij naar de kruising vliegt.

De slungel uit Bree is de beste keeper op dit WK.

De sluipmoordenaar van het WK

De sluike pony van Modric wapperde omhoog, na afloop van de WK-finale. Kon ik dat moment nog eens terugzien met behulp van de VAR? Deed de stervoetballer van Kroatië het met eigen adem of kwam het door een zuchtje wind? Mijn sympathie lag het hele toernooi bij Kroatië, vooral vanwege de achteloosheid waarmee Modric de bal alle kanten op stuurt, het liefst met buitenkant voet. En het touwtje in zijn haar kon me ook bekoren.

Frankrijk speelde in de finale zeer afwachtend. Hun verdediging lijkt vervaardigd van hetzelfde beton als de strandbunkers van de Atlantikwall. Net als je niets meer van ze verwacht, kruipen ze uit hun schuilplaats.

De Fransen waren sluipmoordenaars; Griezmann en Pogba haalden op het middenveld de trekker over en Mbappé was hun kogel die verderop insloeg.

De voetballiefhebber werd in de finale verwend met gedetailleerde herhalingen. In vertraging was de vlucht van de bal door het strafschopgebied te volgen, ik kon het ventielgaatje op mijn gemak aanwijzen. De beelden waren prachtig, maar of het voetbalspel op het veld nog steeds beter wordt, dat is zeer de vraag.

Voetbal is een sport geworden voor snelle, verdedigende krachtpatsers. Het grote nadeel: passeeracties zijn op de vingers van één hand te tellen. Aanvaller Mbappé bezit nog de kinderlijke drift om met de bal aan de voet langs tegenstanders te razen, maar hij is een uitzondering aan het worden.

Eerst maar eens de bal in de ploeg houden, is het devies. Wachten op een corner of een vrije trap en dan maar weer hopen op de VAR.

De kijker is jurylid geworden.

Even terugkijken. Perisic maakte ongelukkig 'hands' in de finale en de strafschop was terecht. Steeds vaker zullen we thuis en in het stadion kunnen zien wat we net met onze beperkte ogen niet goed konden waarnemen.

Binnenkort wordt de toss herhaald om te zien of het toch niet 'munt' was.

De Fransen waren het hele toernooi niet uit op de populariteitsprijs, ze kwamen naar Rusland voor de beker en het is ze gelukt. Na de finale gingen hun pokermaskers af. Tijdens de wedstrijd haatte ik Griezmann nog om dat dansje na zijn benutte penalty, nu hij stond te huilen gunde ik hem de overwinning. Net zoals zijn trainer Didier Deschamps, uitvinder van het Franse catenaccio. Tijdens het jonassen door zijn team hing hij vrij in de lucht. Zijn mond stond ver open, ik zag dat hopeloze gebit en wenste hem al het goud van de wereldbeker toe.

In slow motion zag ik het haar van de teleurgestelde Modric nog een keer omhoog wapperen op het veld in Moskou. Er kwam geen wind aan te pas, zo bleek; hij blies zelf. Modric verloor de finale en werd later verkozen tot beste speler van het toernooi.

Een doekje voor het bloeden, heet dat zo mooi.

Tom huilt, Tom lacht

Eerst hing de verzorger voorzichtig een handdoek om zijn nek. En daarna kwam dat petje. De man deed gewoon zijn werk. Wielersponsors willen zo'n petje op het hoofd van de kopman zien, zeker als hij na afloop van een etappe live op televisie is.

'Flikker op, man!'

Een reactie in de categorie 'pleur op' van onze premier.

Tom Dumoulin trok het petje van zijn hoofd voordat het er goed op zat. Hij was woedend op een motorrijder die concurrent Primož Roglič bij een afdaling op sleeptouw had genomen. En zelf had hij niet lekker gereden. Dan moet je van Toms hoofd afblijven en het petje in je zak houden.

Een dag later zag Dumoulin zijn ongepolijste reactie terug en moest onbedaarlijk lachen om zichzelf. Tom huilt, Tom lacht. Wat een zelfkennis en zelfspot. Dumoulin was zo authentiek als de pest.

De mythische proporties van de Tour de France doen fans soms onverantwoord dromen en fantaseren. Een wielrenner wordt kwaliteiten toegedicht die niet te verifiëren zijn. Thuis heeft iedereen een zelfverzonnen aanvalsplan: Tom zou eigenlijk dit, Tom zou eigenlijk dat.

Niemand weet hoe het ontbijt wordt omgezet in kracht en de gedachten in zijn hersenpan tijdens een woeste etappe zijn al helemaal niet te volgen.

Pas na de finish krijgen we enig inzicht van de renner zelf. Na de aankomst in Parijs waren de eerste woorden van Dumoulin over deze Tour: 'Mooi. Heftig. Zwaar.'

Mooi, dat vond ik de metamorfose in de tijdrit. Nadat hij de dag ervoor in de bergen zijn meerdere moest erkennen in Geraint Thomas, wist Dumoulin zich op te laden voor een fenomenale strijd tegen de klok.

Heftig? De momenten dat hij – doodop van het aanvallen – in het hooggebergte de gele trui op het laatste moment voorbij zag flitsen.

En zwaar? Alle stress tijdens de duizenden kilometers over het asfalt.

De afgelopen weken was ik regelmatig in zijn stad Maastricht. Overal waar ik kwam, was Dumoulin de afgelopen jaren meer dan eens gesignaleerd. Op een terras in Wyck kwam hij volgens de ober vaak lunchen, in de beste ijssalon had hij een hoorntje besteld en op het moderne plein aan de Maas dronk hij espresso. Zijn aanwezigheid is een aanbeveling geworden.

Tom was here.

Maastricht ligt aan zijn voeten. De provincie Limburg, heel Nederland, eigenlijk iedereen op de wereld die van fietsen houdt, is verknocht aan Tom Dumoulin. De prachtrenner met zijn innemende persoonlijkheid strijdt wanneer hij moet strijden en houdt zich rustig wanneer het nodig is.

Nooit verliest hij het hoofd, tenzij je er ongevraagd een petje op zet.

Femke swingt in water

Terwijl heel Europa schreeuwde om regen, trok ik met hopeloze schoolslagen een baantje in een zwembad in Puglia. Ik dacht terug aan mijn eerste lessen in natuurbad Het Zwarte Plasje. Bang voor kopje onder, vrees voor de stok met stalen haak van de badmeester.

Eerlijk gezegd; ik drink liever water dan dat ik er in zwem.

Tijdens de Europese kampioenschappen moesten de profzwemmers hun wedstrijden in het binnenbad van Glasgow afwerken. Het wachten was op de vrije slagen van Femke Heemskerk. Zij houdt zielsveel van water en zwemmen.

Het afgelopen decennium heeft ze een prijzenkast vol gezwommen en toch zit ergens in haar hoofd altijd de gedachte: ben ik goed genoeg, kan ik het nog? Juist door die twijfel is ze de meest aanraakbare zwemster van haar generatie.

Na haar mislukte Olympische Spelen in Rio de Janeiro is ze weer opgekrabbeld. Haar Franse coach Lucas in Narbonne had Heemskerk als een batterij leeg getrokken. Leeg en oververmoeid, was ze geraakt. Heemskerk koos voor Marcel Wouda als vertrouwensfiguur en zie: ze begon weer te zwemmen als voorheen; de souplesse kwam terug.

Als het om technische perfectie gaat, is Heemskerk de prinses van het onderdeel vrije slag. Tijdens de halve finale in Glasgow viel me de rust in haar slag weer op.

Geen ondoordachte krachtpatserij, maar zwemmen in een vloeiende stijl. Tijdens haar race liet ik mijn vingers knippen en verdomd, Femke bleek te kunnen swingen in water.

Ze liet de beste tijd noteren van alle deelnemers en gaat starten als kanshebber voor goud in de finale. Een paar maanden geleden stuurde ze een foto de wereld in van een van de mooiste buitenbaden ter wereld: het olympische buitenbad bij Sette Colli in hartje Rome. Ze houdt van die idyllische plek, niet ver van de Tiber en omgeven door heuvels met bomen.

Eenmaal uit het water van dat Romeinse bad maakt je voet afdrukken op ouderwetse tegels van aardewerk en tijdens het afdrogen hoor je in de verte het claxonnerende verkeer. Ideaal voor wie van stadsleven én openluchtzwemmen wil genieten.

Femke Heemskerk is geboren in water, gevormd door het water en zal altijd van water blijven houden, ook na haar carrière. Ze zal de stress van de wedstrijden waarschijnlijk niet missen, evenals de mixed zone met journalisten en het manische trainen in de vroege ochtend. Maar water? Altijd en overal, graag.

Na de zwarte periode rond Rio, heeft Heemskerk op tijd het juiste pad bewandeld, of moet ik zeggen, de juiste stroom gekozen. Ze beweerde na zoveel lief en leed aan het water toevertrouwd te hebben, nu liefde van het water terug te krijgen.

Dat is heel aardig van je, water. Femke zal je als vanouds klieven en 'pakken', met je gorgelen en spetteren. Zo vaak als het kan.

De liefde komt weer van twee kanten.

God heeft het druk met Memphis

Het is een fijn span, vermoed ik. Memphis Depay en God. Niemand weet wat de twee elkaar toevertrouwen, maar Memphis verzekert iedereen dat het contact hem enorm helpt. In een verloren uurtje zag ik dit weekend de korte documentaire *The Genesis*, een vijfdaags reisverslag van Memphis Depay door Ghana. Uit goedheid bezocht de voetballer dove en blinde kinderen in het Afrikaanse land en hij had een donatie in zijn kontzak zitten.

Hij zei: 'Mijn geld is niet van mij maar van God.'

En ook: 'Ik ben blij met heel veel wat ik heb, maar ik geef ook graag iets terug.'

De onderwerpen God en goede doelen zijn niet populair onder sportjournalisten. Met Johan Cruijff kwam je alleen in gesprek als je het ook over zijn foundation wilde hebben. Stukjesschrijvers tikken liever iets over een vrije trap of het passeren van een tegenstander. Het geldt ook voor mij. Toch vind ik het nu bij Memphis minder storend; zijn diepgelovige gedachtenspinsels maken het me duidelijker hoe hij in elkaar steekt.

Memphis draagt nog steeds excentrieke hoofddeksels en T-shirts, voedt zijn Instagramvolgers met persoonlijke reclame en zal niet snel achter het stuur van een Berlingo zitten. En natuurlijk, hij is nog altijd verliefd op zijn tattoos; in de documentaire toont hij de reuzenleeuw op zijn rug; de manen groeien richting zijn oksels waar een minigrasmachientje heeft rondgetold.

IJdelheid is zijn tweede natuur.

Zijn uiterlijk is imposant — ik doe een moord voor zijn bovenbenen — maar het innerlijk is de laatste jaren meegegroeid. Bondscoach Koeman constateerde al dat Memphis meer oog heeft voor zijn medespelers. Hij sluit zich naar eigen zeggen liever af voor de buitenwereld en viert daarom doelpunten met de vingers in zijn oren.

Die manier van 'juichen' is ook een knipoog naar alle dove kinderen die hij in Ghana ontmoette. Memphis liet zich daar meetronen naar scholen waar blinde jongens en meisjes voetballen. Het is een spelletje van drie tegen drie. De doven liggen in een sporthal vlak voor het doel. Ze gooien hun lichaam pas voor de bal als ze hem van dichtbij horen rollen.

'God heeft hun ook talent gegeven,' zei de Nederlandse voetbalster nadat hijzelf, geblindeerd liggend voor het doel een bal tegen zijn neus en zijn ballen had gekregen. De dove kinderen waren beter in het spel dan hun geadoreerde rolmodel.

Vroeger lazen alle voetballers *De ontvoering van Alfred Heineken*, nu ligt de Bijbel in de oranje rolkoffer tussen de boxershorts.

Als het even kan, roept Memphis zijn God aan. Was er volgens Memphis hulp van bovenaf bij de penalty tegen Frankrijk toen hij op het laatste moment 'à la Panenka' inschoot? Voor zo'n risicovolle strafschop moet je het hoofd koel kunnen houden.

Met wie had Memphis contact toen hij bij de stip stond?

Met zijn God? Of met Cruijff?

Ach, voor een gelovige voetballer is dat hetzelfde.

Maarten is een beetje gek

De brasem, de karper en de zeelt in Friesland schrokken zich rot. Er zwom een nieuw waterdier in hun territorium; de kop van het lange zwart-oranje lijf hapte om de zoveel tellen naar adem. Het dier viel niet aan en het dook ook niet naar de bodem. Met lome slagen gleed het over het wateroppervlak, er kwam geen einde aan.

Diep in de avond zag ik via een live-verbinding zwemmer Maarten van der Weijden in een zwarte vaart ploeteren. Met een snelheid van ongeveer vier kilometer per uur wilde hij de Elfstedentocht zwemmen om zo geld te genereren voor kankeronderzoek.

Idiote pogingen om in het Guinness Book of Records te komen, hebben mij nooit zo kunnen bekoren. Twee potten pindakaas opslurpen in twee minuten. Met z'n tienen op één rijdende fiets zitten. Op een Puch Maxi over dertig sloopauto's springen.

Maar hier was iets anders aan de hand. Dit was een serieuze opvoering door een goed en nederig mens.

Maarten is aan de dood ontsnapt en sindsdien ontmoet hij die ellendeling iedere dag via anderen. Mensen vertrouwen hem toe dat ze ook kanker hebben. En hij zal zeggen: tegen kanker kun je niet vechten, je moet geluk hebben en de goede medische begeleiding krijgen.

Na zijn winst op de Olympische Spelen zat ik 24 uur met Maarten opgesloten in een televisiestudio. Woorden als 'hoop, liefde, geloof en gevoel' zeiden hem niet veel. Als wiskundestudent leerde hij dat je van getallen kon houden. Ik versloeg Maarten met een potje sjoelen terwijl hij in het ziekenhuis toch te boek stond als 'de sjoelmaster van de kankerafdeling,' zo zei hij.

Met harde, relativerende humor kom je een eind.

Maarten is een beetje gek en wat is dat toch een plezierige eigenschap. 200 kilometer zwemmen in een paar dagen is een experiment met zijn lichaam, maar vooral ook met zijn geest. Hij zwemt zich naar onbekende zones in zijn brein en wil weten wat daar te halen is.

Sport is het niet en een uitdaging al helemaal niet; die woorden zijn te eendimensionaal voor wat hij presteert. Het ligt complexer; het is een zoektocht, het is openlijk lijden. Denk ik. Maar vermoedelijk is Maarten de enige die zichzelf begrijpt tijdens deze reis.

Vooral de donkere passages van zijn wateropera konden me bekoren. Als Maarten in de nacht werd beschenen door een lampje en achter hem het riet vergleed. Als hij watertrappelend iets dronk met een houten bruggetje als decor.

Hij maakte zijn eigen soundtrack met het rustgevende plonzen van de zwemslagen. Overal pijn had hij, maar diep vanbinnen stuwde de onverzettelijkheid hem voort.

Of hij het ging halen, was maar de vraag.

Nederland op z'n mooist, Maarten op zijn best.

Of het experiment zin had? Voor het binnenhalen van geld voor kankeronderzoek zeker. En voor de zwemmer?

Dit zei Maarten tijdens ons gezamenlijk etmaal, alweer jaren terug: 'Uiteindelijk is ons bestaan zinloos.'

Shirtje ruilen met Frenkie de Jong

Op het moment dat Ronald Koeman in 1988 met een Duits voetbalshirt zijn forse achterste poetste, was Frenkie de Jong nog niet geboren. De impulsieve actie ging destijds de hele wereld over; duels tussen Nederland en Duitsland waren beladen wedstrijden.

De woorden 'oorlog' en 'fiets' vielen met regelmaat.

Inmiddels leeft Frenkie al 21 jaar en speelde hij in de Johan Cruijff Arena voor het eerst tegen het Duitse nationale elftal. De middenvelder was zich terdege bewust van de voetbalgeschiedenis; hij had oude beelden gezien van de grote toernooien uit 1974, 1978 en 1998 en ja, ook wat de huidige bondscoach destijds flikte.

Maar deze wedstrijd was niet bedoeld om oude rivaliteit op te kloppen. Het Nederlands elftal moest laten zien dat het kon winnen van een sterk elftal, het liefst met goed voetbal. Het eerste lukte; Nederland won met 3-0, al was Duitsland nog geen schim van het soepele elftal van het WK in 2014. Het vertoonde spel van Koemans team was bij vlagen sterk.

Tijdens de wedstrijd fixeerde ik me op de bewegingen van Frenkie de Jong. Wat opviel is zijn voortdurende rondkijken. Vlak voor zijn verdediging bewaakt hij het omliggende terrein als een terriër. Een stapje naar voren, dan weer even opzij. Als de bal op hem afkomt, heeft hij al gezien waar zijn medespelers staan. Tegenstanders zijn trainingspoppen waar je omheen kunt slalommen.

De Jongs' spel is risicovol. Hij durft en durf is wat zo gemist werd in het Nederlands elftal van de afgelopen jaren. Het ziet er allemaal zo achteloos uit, zenuwen spelen geen enkele rol.

Samen met Virgil van Dijk en Memphis Depay is Frenkie de Jong de belichaming van het opgeknapte Oranje. In het buitenland werd al van Nieuwe Tulpen gesproken.

In de eerste helft liet De Jong zich een keer opzichtig vallen in de strijd om de bal met Thomas Müller. De scheidsrechter gaf een vrije trap mee terwijl De Jong overduidelijk een Schwalbe maakte. Het was alsof hij de Duitsers even wilde inwrijven uit welk land die term oorspronkelijk komt.

'Dit hadden we zo nodig,' zei Ronald Koeman na afloop van de gewonnen partij. Wij, dat waren volgens de bondscoach het Nederlands elftal en zijn staf, de fans en eigenlijk heel Nederland, dat jaren in de versukkeling had gelegen.

Na afloop vertelde Frenkie dat hij heus wel wist wat zijn coach destijds na afloop op het veld met het shirt van de Duitse voetballer Olaf Thon had gedaan. Daar was het ontwapenende lachje dat zo vaak op zijn gezicht staat.

De middenvelder ruilde zijn shirt met de Duitse aanvaller Leroy Sané. Het exemplaar verdween geruisloos in de sporttas, zonder een tussenstop langs het achterlijf van De Jong.

Nieuwe mores, een nieuw team en vooruit, Nieuwe Tulpen. Al bloeien die nooit een heel jaar.

Ik ben een vrouw, punt.

Straks zou het startschot opklinken in het atletiekstadion in Doha, Qatar. Dan moest ze alleen nog die reuzenpassen maken om voor de zoveelste keer met ruime voorsprong als eerste te eindigen op de 800 meter.

Want, winnen ging Caster Semenya.

De vrouw die op een man lijkt.

Of de man die veel van een vrouw heeft.

Of alles er tussenin.

Hyperandrogeen zegt de een, een 'manwijf' beweert de ander.

Kies maar.

Heel vroeger werd er dan door een official, meestal een man, in je broekje gekeken. Als je al niet naakt voor een strenge jury stond. Even de koe in de kont kijken. Misschien was je wel een uitzonderlijk exemplaar en kon je later op sterk water in een grote weckpot worden bijgezet in een rariteitenkabinet, naast de vrouw met de drie borsten, de man met twee lullen, de mens zonder eigenschappen.

Welkom in het circus van de topsport. Waar met argusogen wordt gekeken naar alles wat afwijkt van het normale.

Want sport moet zo smetteloos zijn als witbrood met Pasen.

Eerlijk is eerlijk. De eerste keer dat ik Semenya op de atletiekbaan zag lopen, vielen me de mannelijke trekken in haar gezicht en het sterke lijf op. Ze was veel groter en breder dan alle andere atleten.

Semenya heeft een kort antwoord op twijfelaars: '*I am a woman. Period.*'

Op het eerste gezicht leek Semenya in Doha onbewogen aan de start te staan. Ze keek met dat gebeeldhouwde gezicht serieus voor zich uit en draaide ondertussen met duim en wijsvinger een rondje met een ring aan haar linkerhand.

Een atlete keek met een schuin oog naar het grote lijf van haar tegenstander. Wat zat er in die spiedende blik: ontzag, argwaan, jaloezie?

De starter vroeg de atletes zich klaar te maken. Semenya ging voor de witte streep staan. Om haar hals schommelde het kettinkje met een miniversie van Zuid-Afrika als amulet. Haar geboorteland staat pal achter Semenya. Ze zien racisme in de manier waarop de zwarte atlete wordt behandeld.

Een paar dagen eerder was het internationale sporttribunaal CAS met een uitspraak gekomen over de 'zaak Semenya'. Wat zeker was: ze had veel meer testosteron dan andere vrouwelijke atleten. En meer testosteron leidde mogelijkerwijs tot meer kracht, tot meer 'inhoud' dan de rest.

Dat was niet eerlijk, oordeelde het CAS. Het tribunaal vond het een lastig besluit, in zekere zin zelfs discriminerend. Maar er zat niets anders op: Semenya moest medicijnen slikken om het testosteron in haar lichaam omlaag te brengen, anders mocht ze niet meer meedoen aan atletiekwedstrijden.

In het voorjaar van 2003 heb ik een mini-docu gemaakt over Foekje Dillema, de hardloopster uit Burum die eind jaren veertig zo ongenadig hard kon sprinten. Ze liep soms zelfs sneller dan Fanny Blankers-Koen, die als Nederlandse sporticoon vier gouden medailles won op de Olympische Spelen van Londen in 1948. Ook Dillema was verdacht. In het dorp werd ze een 'kween' genoemd; een mens met zowel vrouwelijke als mannelijke kenmerken. Een recordtijd op de sprint werd haar ontnomen, Foekje raakte na een onterend lichamelijk onderzoek op een zijspoor omdat ze 'geen meisje zou zijn'. Ik heb haar kort over die affaire gesproken, in de deuropening van haar huis. Ze was begrijpelijkerwijs argwanend en wilde niets meer met dat gedoe van vroeger te maken hebben. De oud-atlete ging haar intieme verhaal, haar geheim, mee het graf innemen, zei ze beslist. Foekje overleed op 5 december 2007.

Wie zijn wij om het naadje van de kous te willen weten?

Caster Semenya schoot in het warme Qatar op baan acht weg voor haar 800 meter. Al snel nam ze leiding, vastbesloten om te laten zien wie de sterkste was. De een na de ander hield het tempo niet vol. Er kwam geen pijn op het gezicht van Semenya, haar ademhaling werd in de twee rondjes nooit onrustig.

In de laatste bocht nam ze definitief afstand. Haar voorsprong op nummer twee bedroeg op de finishlijn ongeveer dertig meter. Onbewogen liep Semenya een paar passen uit. Ze kreeg een bosje bloemen dat ze zonder ernaar te kijken meteen richting de tribune gooide. De meeste atleten feliciteerden haar niet.

Ze liep naar een camera en hield zich tijdens het

interview afzijdig van ‘de zaak’: ‘Ik ben als sportvrouw gezegend met zoveel talent en daarom moet ik dit laten zien. Alles wat er nu gebeurt, stopt me niet om gewoon door te gaan met leven. Ik blijf rennen.’

De druk op haar schouders moet immens zijn. Al tien jaar kijkt de sportwereld naar Semenya. Turen naar haar kaaklijn, haar borsten, haar kruis, naar haargroei op ledematen. Van de drie vrouwen op het Olympisch podium in Rio de Janeiro – Semenya won goud – werd gezegd dat ze mannelijke kenmerken hadden.

Het zou oneerlijk zijn.

Oneerlijk?

Sprinter Usain Bolt is gezegend met buitensporig lange benen en zwemkampioen Michael Phelps heeft een spanwijdte tussen zijn armen die acht centimeter groter is dan zijn lichaamslengte, ook wel de ‘aapfactor’ genaamd; sport zal altijd oneerlijk zijn.

Er is een schemergebied en dat is spannend terrein. Wat is vrouwelijk, wat is mannelijk? Of nog eenvoudiger gesteld (of juist ingewikkelder): wat is een man, wat is een vrouw?

Het niet zeker weten, leidt tot heftige discussies.

Ik zou zeggen, wen er maar aan.

In de toekomst wordt de topsporter een dure, ingewikkelde bouwdoos. Nanobiologen en gen-specialisten zullen bewijzen dat er steeds meer mogelijk is om de mens te verbeteren. Met het knippen en plakken van DNA gaan wonderen worden verricht. De topsporter is op zoek naar de grens, net als de commercieel belanghebbenden.

Idioot eigenlijk, een atlete wordt dwingend verzocht minder hard te lopen dan ze eigenlijk kan. Mag een sporter dan ook doping gebruiken om gelijkwaardig te worden aan een collega die altijd maar beter is?

Eerlijk gezegd krijg ik dit duivelse dilemma niet opgelost. Het wordt zwalken met je mening.

In Zuid-Afrika is Semenya een sporticoon. Niet zozeer vanwege haar medailleoogst of de scherpe tijden; nee, om haar volharding, haar strijdlust tegen de gevestigde orde. Kort na het besluit van het tribunaal stak sponsor Nike de atlete een hart onder de riem middels een commercial. We zien Semenya winnen, vervolgens doen haar spikes in slow motion stappen achteruit en wordt de film van haar leven teruggedraaid, tot we een klein, zwart meisje op blote voeten haar eerste pasjes op rode kleigrond zien maken. Dan volgt de slogan: '*When you're born to do it, just do it.*'

Na de uitspraak van het CAS kreeg ik een zwak voor Caster Semenya. Ze is een spannende sportvrouw, of laat ik maar zeggen: een spannend mens dat ons een spiegel voorhoudt.

We worden niet alleen gedwongen te denken over wie en wat zij is, maar toch vooral hoe gemankeerd we zelf door het leven gaan.

Zeker weten doet niemand in de zaak Semenya en dat maakt ons tot een wankelend volkje op een tollende aardbol.

Hoe je van een fiets kunt houden

De beroemde framebouwer Dario Pegoretti (62) is overleden. In een oude loods in het noorden van Italië werkte hij decennialang aan stalen frames met een uitgebalanceerde geometrie. Pegoretti was ook kunstenaar, hij beschilderde zijn fietsen zelf. Dan gingen zijn grijze lokken achter zijn oren en leefde hij zich uit op de buizen, soms in de uitbundige stijl van Pollock of Basquiat, dan weer sober als een schetsende architect.

Hij hield niet van massaproductie. Alles ging op het gemak, fiets voor fiets. Op elk frame vind je een plaatje met de woorden: *fatti con le mani*. Met de hand gemaakt. Profrenners als Andrea Tafi en Mario Cipollini reden ooit op fietsen van Pegoretti.

'Ach, het zijn gewoon acht buizen die goed op elkaar passen,' zei de framebouwer bescheiden over zijn modellen.

Zelf heb ik in 2009 ook een exemplaar besteld. Via een mailtje vertelde ik Dario dat ik, net als hij, een jazzfanaat was. Ik vroeg om een Marcelo 'Thelonious', een model dat hij afleverde met ragfijn geschilderde zwarte toetsen die op de ene buis netjes tegen elkaar aan lagen maar op een andere buis aan zwarte draadjes leken weg te vliegen. Op de verticale buis onder mijn zadel had Pegoretti, heel abstract, als extraatje saxofoonkleppen geschilderd.

Het schoonmaken van de fiets na een rondje is geen

straf, ik kijk na al die jaren nog steeds graag naar de details.

De stalen fietsen zijn niet meer zo in trek. Recreanten spiegelen zich aan het profpeloton en kopen liever een fabrieksexemplaar van carbon. Die zou beter op de weg liggen en bovendien ruim een kilo minder zwaar zijn.

Mijn antwoord: 'Train eerst dat buikje eraf dat je meetorst, daarna spreken we verder.'

In de Vuelta reed het carbonpeloton door het heuvelachtige gebied van de provincie Málaga. Op de volgauto stonden reservefietsen; rijd je je fiets in de prak, geen nood, binnen dertig seconden kun je door op een volgend exemplaar.

Winnaar van de etappe Alejandro Valverde zal het carbonmodel niet gezoend hebben. Meteen na de finish werd zijn fiets op de auto vastgesnoerd en afgevoerd. Vroeger hadden renners hun fiets soms op hun hotelkamer staan.

Maatjes waren ze, de fiets en de coureur.

Aan Pegoretti werd eens gevraagd hoe de band nu was tussen een profrenner en zijn fiets. Hij zei: 'Het is hun liefje niet meer, het is hun instrument.'

Als ik met mijn nagels tegen het staal tik en met de vingertoppen over de buis met vliegende pianotoetsen glijd, hou ik van mijn fiets. Er zitten een paar krasjes op de buis, de lak aan de onderkant is doffer geworden door opspattend gruis. Maar mijn stalen kunstwerk inruilen voor een exemplaar van carbon?

Nee, dat heeft maestro Pegoretti niet verdiend.

De strepen van Ziyech

Een bal kan lang onderweg zijn. Te lang, zelfs. Maar niet als hij van de linkervoet van Hakim Ziyech komt. Ziyech is de meester van de 'streep'; over een afstand van twintig, dertig meter blijft de bal nagenoeg op dezelfde hoogte boven het gras zweven, op weg naar een medespeler.

Je zou erop willen zitten en genieten van de snelheid, van de strakke baan die de bal vliegt.

De streep van Ziyech komt het spel van Ajax ten goede. De spelers zijn in beweging, het spel verplaatst zich in een paar seconden tijd van de ene speelhelft naar de andere. De verdedigers van de tegenpartij zijn steeds te laat op hun post.

'De bal het werk laten doen,' heet het in jargon. Een bal zelf kan niet werken, daar heb je voetballers als Ziyech voor nodig.

Het had niet veel gescheeld of de aanvaller had zijn kunsten elders in de wereld vertoond. In de Arena kon het publiek niet goed overweg met zijn gedrag. Zijn aaibaarheidsfactor was gering.

Nog altijd is hij geen lachebek. Na een openingsdoelpunt tovert hij met serieuze blik een arsenaal aan gebaartjes tevoorschijn; zijn handen met uitgestoken pink en duim, als ouderwetse telefoons die geen gehoor vonden.

Bij Ajax moeten ze Ziyech toch eens het juichen van Johan Cruijff tonen: scoren, het liefst met een wit lintje in je hand, springen en met de vuist door de lucht zwaaien. Cruijffs extatische juichen alleen al zou toch recht moeten geven op een eigen plein in Amsterdam.

Een allemansvriend zal Ziyech nooit worden.

Ach, die eigenwijsheid is ook te prijzen. Ik knijp een oogje toe als hij met zijn handen een duikbeweging nadoet om de scheidsrechter te overtuigen dat zijn tegenstander een fopduik maakte. Of als hij een pruillip trekt als de VAR bepaalt dat hij buitenspel stond.

Zolang hij zo wervelend speelt, heeft Ziyech ook af en toe recht op zijn kuren. Dan mag hij even een minuutje dromen, met het gezicht naar het gras gericht in wandelpas over het veld gaan en zijn shirt als zakdoek gebruiken.

Mooi sjokken is ook een kwaliteit.

De strepen van Ziyech doen me denken aan de gestoten ballen van een biljarter tijdens het driebanden. Recht vooruit en met vaart op het doel af. Eigenlijk past bij zo'n pass van de aanvaller het commentaar van een ouderwetse biljartverslaggever.

Vol bewondering fluisteren bij de vliegende bal die zojuist van die linkervoet is vertrokken.

Who's afraid of Serena Williams?

Dat was een lekker potje tussen Serena Williams en Naomi Osaka in de finale van de US Open. Ik laat bewust het woord 'tennis' weg, want de wedstrijd werd overschaduwd door gehakketak op de baan tussen de scheidsrechter en Williams.

Haar trainer zou vanaf de tribune aan coaching hebben gedaan, Serena sloeg een racket stuk en vervolgens raakte ze haar game kwijt omdat ze de scheidsrechter een dief noemde.

Serena is niet bang. Ze is de personificatie van Black Power in het vrouwentennis. Haar mannelijke voorgangers hielden hun zwarte vuist omhoog tijdens de Olympische Spelen van 1968. Zij spreekt zich uit voor gelijke rechten, tegen racisme en seksisme en zegt waar het op staat.

Maar wat bezielde haar om op de baan in New York zo extreem te reageren? Ze eiste excuses van de scheidsrechter en begon tijdens een minutenlange discussie op de baan zelfs over haar piepjonge dochtertje dat nog geen pap kan zeggen.

Ondertussen stonden de kille cijfers op het scorebord. Williams was kansloos tegen Osaka. Was ze ook zo boos geweest als ze op winst had gestaan?

Het tennis van Serena Williams is een combinatie van kracht, uithoudingsvermogen en vechtlust. En dat ze af en toe over het randje gaat, vind ik niet bezwaarlijk. In het mannentennis genoten fans vroeger van de verbale uitspattingen van John McEnroe, ook iemand die fantastisch tennis combineerde met een grote mond.

Alleen, querulanten moeten hun straf accepteren als ze de spelregels overtreden. Tennis is ten dode opgeschreven als het verwordt tot een uit de hand gelopen discussieprogramma.

Achteraf zei Williams: 'Ik ben hier om te vechten voor vrouwenrechten en gelijkheid.' Ze had zelfs het idee dat de straf van de scheidsrechter ingegeven was door 'seksisme'.

Kon het beoordelingssysteem Hawk-Eye hier maar een onpartijdig oordeel over geven.

Ondertussen stond bij iedereen het zweet op de rug; winnares Osaka huilde, Williams huilde en het publiek riep boe. Wat was de nettowinst van dit potje? Een opgewonden gevoel misschien. De rel deed pijn aan je ogen maar je wilde toch niets missen. In die zin was het vooral een dramatische wedstrijd.

Billie Jean King, het Amerikaanse tennisicoon dat zoveel goeds deed voor het vrouwencircuit, zag het zo: 'Als een vrouw emotioneel reageert, is ze hysterisch en krijgt ze straf. Als een man zo doet, is hij *outspoken* en volgen er geen repercussies.'

Volgens mij (een nuchtere man met bedroevende racketvaardigheden) ligt het niet zo extreem; in het profcircuit worden genoeg hysterische tennissers bestraft.

Nu maar hopen dat het vuur in Williams blijft branden. Een volgende zomer zie ik Serena graag in een zwarte catsuit het heilige gras van Wimbledon betreden, een toernooi waar witte kleding een vereiste is. Ze zal hoe dan ook de strijd weer aangaan met het establishment, ook al heeft ze soms ongelijk.

Zo wordt het oude tennismatras lekker opgeschud.

PSV, Ajax… PSV!

Daley Blind grijnsde van oor tot oor. Tijdens de warming-up in de Johan Cruijff Arena zag hij op het grote scherm dat kampioensrivaal PSV in de laatste minuten gelijkspeelde tegen Emmen. Hoe was het mogelijk? De opdracht voor Blind cum suis was eenvoudig, even drie punten pakken tegen Heerenveen en Ajax was koploper.

Terug naar Emmen, naar dat kleine seventies-stadion waar de daken van de tribunes nog ouderwets gestut worden door palen die het publiek het zicht ten dele benemen. Emmen stond met 1-2 achter tegen PSV. De Drentse ploeg kreeg nog een laatste corner.

Vanuit de doelmond vertrok de langste speler van de eredivisie voor een reis naar het vijandige strafschopgebied. Het laatste redmiddel: je keeper mee naar voren sturen. Kjell Scherpen (18) holde met zijn slungelachtige lichaam over het veld, in een geel tenue met rode handschoenen en voetbalschoenen.

Scherpen posteerde zich ter hoogte van de penaltystip en wachtte op de hoekschop. Keepers in een vreemd strafschopgebied zijn vogelverschrikkers.

De bal kwam voor het doel en werd aanvankelijk nog weggewerkt. Keeper Scherpen twijfelde of hij terug moest naar zijn doel maar besloot te blijven hangen. Nog één keer werd de bal in de doelmond geschoten. Scherpen stond met zijn gezicht van het doel af.

Springen is zijn specialiteit, hij doet niet anders op

de training. De bal kwam op hem af. Scherpen sprong zo hoog als hij kon, met dat lange lijf van twee meter en vier centimeter.

Zo stijgt een rol zeil op.

Iedereen lette op de keeper van Emmen. De bal ging net over zijn hoofd heen, kwam onverwacht met een stuit op de grond en werd ingekopt.

In het stadion juichte het publiek als in vroeger tijden: met twee handen boven je hoofd en springen. Mark van Bommel bleef op de bank zitten. Ik bespeurde een zenuwtrek bij de coach van PSV; hij snifte met zijn neus.

Bij de aftrap in Amsterdam geen 'seventies juichen' door de fans, ze balden hun vuisten. De koppen in het hoofdstedelijke stadion gloeiden van opwinding.

Na het behaalde gelijkspel in Emmen holde doelman Scherpen naar zijn ouders, langs de kant van het veld.

Het publiek bleef na afloop lang zitten op de verweerde stoeltjes in het stadion en zong mee met 'Hey Jude' van The Beatles, een popnummer uit 1968. Op het verlaten veld mochten kinderen een balletje trappen.

Emmen beleefde een hoogtijdag. Amsterdam moest nog even geduld hebben.

Na anderhalf uur met wéér keepers in de hoofdrol, stond er 4-4 op het scorebord in de Johan Cruijff Arena. De vuisten van de fans veranderden in handen die asgrauwe gezichten verborgen.

Op het veld schraapte Daley Blind secondenlang met zijn boventanden over de baardharen onder zijn onderlip.

Laat het waaien

Er was een leeg patatzakje in het ijs gevroren. Ach, dat kon er nog wel bij. Alles wat normaal gesproken uitgesloten is op een binnenbaan, was te zien tijdens het WK allround in het Olympisch Stadion van Amsterdam: regen, wapperende vlaggen door de wind, dooiplekken op het ijs en de flirt van Keessie met Dione.

Buiten in Amsterdam was het zo'n twaalf graden boven nul toen de afsluitende tien kilometer voor mannen werd verreden. Af en toe prikte de zon zelfs door de wolken.

Aanvankelijk had ik helemaal geen trek meer in het allround-kampioenschap. Na een lang schaatsseizoen verlangde ik naar ballen op gras en fietsen op asfalt. Waarom moesten de moegestreden profs nog zo laat opgezadeld worden met de Hollandse weemoed van het buitenschaatsen?

En toch ging ik voor de bijl.

Twee dagen keek ik naar een lange reclamespot – marketing is een vak – voor het schaatsen in de openlucht, vooral wanneer de camera (met spetters op de lens) als een sperwer hoog over het stadion scheerde. Eerst langs die stenen wand, over volle tribunes en dan scheren boven die roomwitte ovaal met twee nietige schaatsers in de bocht.

Als zoon van een diepvriesgroothandelaar genoot ik

van alle kwalificaties van het ijs dat maar niet naar de ijsmeester wilde luisteren.

Fondant. Boterzacht. Schuurpapier.

Na alle perfectie in de schaatshallen was in Amsterdam de natuur aan zet. Iedereen had met ander weer, met een andere kwaliteit van het ijs te maken. Wanneer moest er gedweild worden? Het was een heerlijk, oneerlijk toernooi en toch leek de beste atleet te gaan winnen.

De Noor Sverre Lunde Pedersen reed met een vorstelijke voorsprong zijn rondjes op de tien kilometer. Zijn landgenoten op de tribune namen alvast een slokje uit de heupfles.

'*I almost never falling*,' zei Pedersen na afloop.

Met zijn ene schaats had hij de andere aangetikt. Op zijn buik gleed hij door de plassen; Pedersen was zijn eigen dweilpauze geworden. De klap tegen het stootkussen van een sponsor kwam hard aan. De Noor was in verwarring; waarom ging hij anders eerst op zoek naar de van zijn hoofd gevallen sportbril?

Opstaan, moest hij.

Noorwegen had — na 'onze' wissel van Sven — nu ook een nationaal schaatstrauma.

Na het opkrabbelen reed Pedersen de eerste meters met zijn handen op zijn dijen, hij trok het gezicht van een verwarde man die de weg kwijt was in de grote stad. Na de finish ging hij op de boarding zitten en verborg zijn gezicht. Naast hem werd een bosje tulpen gelegd.

Altijd schuin afsnijden, Sverre.

Als de wereldbekerwedstrijden binnen gehouden worden, mogen de allround-kampioenschappen dan voortaan altijd buiten? Leg de baan met dat heerlijke, oneerlijke fondantijs neer in een stadion in Oslo, Moskou, Turijn, Chicago, Kaapstad, New Delhi of Kosovo.

Laat het waaien en regenen. Laat de zon schijnen.

Geef het allround schaatsen terug aan de buitenlucht.

Denken is funest

Dat hoofd met die verdomde hersens. Het zit op de romp. Een mens kan niet zonder. Maar alsjeblieft, zou iemand af en toe op het uit-knopje kunnen drukken? Stand-by is ook goed. Het denken stilzetten.

Een coach schreeuwt het zijn team toe: 'Speel per punt'. Maar het hoofd van een topsporter fantaseert al stiekem over de uitslag.

Aan het einde van het WK-toernooi in Japan liep het ballonnetje snel leeg bij de Nederlandse volleybalsters. De strijd om het brons tegen China werd een pijnlijke zaak. Het team hunkerde naar een medaille, zozeer zelfs, dat het de vrouwen verlamde. In een hoekje van het brein speelde het verlangen naar succes een gemeen spelletje.

De opgewonden high fives bij het voorstellen voor het publiek deden nog vermoeden dat genoeg energie door de lange lijven stroomde en het geloof in eigen kunnen groot was.

Sterspeelster Lonneke Slöetjes zweepte haar teamgenoten op, maar tijdens de korte pauzes sloop twijfel in haar oogopslag. Ze speelde niet goed, of niet goed genoeg. En het hele team met haar.

Lonneke begon te denken. Worden we net als bij de Spelen vierde? En denken terwijl je moet doen, dat is funest bij het volleybalnet.

Invalster Celeste Plak liet zien hoe je in het spoor bleef. Als zij een bal zag, ramde ze er heel hard tegenaan. Eenvoudig, doeltreffend. Het denken op het tweede plan.

Plak is de hamer, de volleybal de spijker.

De Chinese coach Lang verscheen in beeld. Wat een kalmte. De oudere vrouw stond met de handen op haar rug langs de kant, gekleed in een 'modeloze' polo, het bloempotkapsel rond haar gezicht. Alsof ze nog een halfuurtje op een streekbus naar huis moest wachten. Lang nam de wedstrijd zoals hij verliep, het voorwerk was al in de trainingen gedaan.

In de derde set sloeg Slöetjes weer een smash uit. Toen ze na haar sprong neerkwam, liet ze haar armen hangen en schreeuwde het uit.

'Frustratie is negatieve bagage,' zei oud-volleyballer Peter Blangé vanuit de studio.

Slöetjes is slim genoeg. Ze weet dat ze teleurstelling meteen achter zich moet laten. Maar hoe? Het duiveltje in haar hoofd wilde er tijdens het duel niet uit, zelfs niet door Sloëtjes' schreeuwende mond.

Dan maar na de wedstrijd, via tranen.

Achter de reclameborden zat een ballenmeisje. Ook weer zo kalm. Ze poetste met een doekje het zweet van een volleybal, ogenschijnlijk gedachteloos in het hier en nu.

Het Nederlands team werd vierde. Zo dicht bij succes en er toch zo ver vandaan.

Verliezen kan helpen om uiteindelijk een keer een toernooi te winnen. Dat hoef je Lonneke Slöetjes niet uit te leggen. Ze wilde haar hoofd onder een kussen stoppen en niet denken, maar die verdomde hersens maakten overuren en gaven een harde boodschap door: wéér vierde.

Een halfuurtje schemervoetbal

En toen floepte het licht uit in De Kuip. In eigen huis denk je meteen aan de kapotte stekker in de douche, het espressoapparaat, de losse draadjes in het strijkijzer. Maar waar zit de kortsluiting als de lichtmasten van De Kuip doven? Zou in het Feyenoordmuseum vlak boven 'De Cup met de Grote Oren' nog een gloeilamp uit 1970 hangen om de Europese trofee glans te geven?

Het duiveltje zat verscholen in een schakelkast.

Bij mijn eerste bezoek aan een 'lichtwedstrijd' in De Kuip was ik als jongen sprakeloos van het beschenen veld. Dat onwerkelijke groen. Mijn oma woonde destijds in een bejaardentehuis met een biljartzaaltje. Het laken werd verlicht door twee tl-balken. Zo zag het veld van De Kuip er destijds ook uit: glinsterend groen.

Toen het licht in het stadion uitviel, werd het gras anders van kleur; donkerder, fletser. Het deed denken aan het gras van een trapveldje op een zomeravond. Doorspelen tot je de bal niet meer zag. Niet de wijzers van het horloge maar het zicht bepaalde het einde van zo'n potje.

In het professionele voetbal maakt een scheidsrechter de dienst uit. In De Kuip floot Bas Nijhuis na één minuut af. Niet omdat de doelen vanaf de middenstip niet zichtbaar meer waren, nee, omdat de lampen uitvielen. Misschien speelden televisiebelangen een rol. Met mogelijke onveiligheid door het duister had zijn laatste fluitsignaal niets te maken; de zon was nog maar net onder.

Ik had een moord begaan voor een half uurtje schemervoetbal voor 47.000 toeschouwers. Een partijtje tussen licht en duisternis. Natuurlijk wint de duisternis. Altijd. Maar onderschat de kracht van licht niet, het is langer licht dan je vermoedt.

Als ik in de avond boven Nederland vlieg, verbaas ik me over de hoeveelheid verlichte wegen en gebouwen, om van de oranje gloed vanuit de kassen nog maar niet te spreken.

Donker is niet populair in ons land.

De supporters haalden tijdens het wachten hun mobieltje tevoorschijn en gaven de tribunes een sprookjesachtig uiterlijk. Het spandoek 'De Kuip is ons huis' bleef lang goed leesbaar.

Je kunt het uitvallen van de lampen uitleggen als een pijnlijk bewijs dat het oude stadion snel moet sluiten, maar De Kuip heeft ook weer bewezen dat het mythische verhalen oplevert. Dit moment vergeet niemand meer.

De lampen in de skyboxen deden het overigens prima.

'Je ziet hoe snel het donker wordt,' zei scheidsrechter Nijhuis na het staken van het duel.

'Het werd al wat schemerig,' aldus trainer Van Bronckhorst.

Terwijl een elektricien met zijn hoofd in een kast nog altijd zocht naar de precieze oorzaak, liepen de toeschouwers het stadion uit. Met de lampjes van hun mobiele telefoons in de aanslag.

De club van De Kuip is bang voor het donker.

Vader duwt keepertje omver

Het shirt hing als een rode jurk over zijn knieën. Een keepertje van zes jaar werd op een trapveldje in Wales bij de paal door zijn vader aangesproken. Een tegenstander schoot, de bal rolde richting het lege doel. De vader zag het misgaan. Hij duwde zijn zoontje hardhandig naar achteren. Het keepertje kukelde omver en belandde in de baan van het schot. Een doelpunt was voorkomen maar een fractie later werd er alsnog raak geschoten.

Het amateurfilmpje met vader Phil Hatfield en zijn zoontje Osian is door ruim zes miljoen mensen bekeken, meer dan welk eredivisieduel dan ook. Je kunt het zien als een ultrakorte instructie over het maken van fouten bij de opvoeding.

Een ouder moet zijn kind zo snel mogelijk op eigen benen laten staan, zo luidt de algemene mening. Maar deze man heeft zijn dierlijke reflex om te helpen hier niet onder controle; het is sterker dan hemzelf. We zien een onbehouwen poging tot correctie, de bemoeizucht en teleurstelling van een vader.

Een bevriende arts vertelde me over zijn werkwijze met kinderen: handen op je rug houden en eerst maar eens goed kijken en luisteren. Ouders langs de lijn zijn soms van een ander slag; ze stoppen hun rigide ideeën over hoe je moet voetballen in hun juist zo lekker naïef spelende kind.

De bloedband tussen ouders en hun kind gaat diep.

Professionele voetballers kunnen het niet laten om vlak voor een wedstrijd te zwaaien naar hun ouders op de eretribune. Scorende spitsen wijzen met hun wijsvinger naar de hemel als postuum eerbetoon aan hun overleden vader of moeder.

Bloedfanatieke sportouders, kom er als kind maar eens van los. Een dag na het filmpje werden vader Phil en Osian thuis geportretteerd door een fotograaf. Ze droegen alle twee een shirt van Manchester United, vermoedelijk hun lievelingsclub. Het is ontroerend, maar ook dwingend.

Zo vader, zo zoon.

Vermoedelijk heeft Phil het beste voor met zijn zoon. Hij wil het goede voorbeeld geven. Zal hij het later kunnen verdragen als Osian nooit iets heeft gepresteerd op het voetbalveld en liever over zijn modderbuik aait tijdens een potje darten in de pub?

Nog een paar keer keek ik naar het filmpje. Omstanders lachten zich dood, alleen het slap hangende net van het doel leek te treuren om de kolderieke scène. De motoriek van vader bleef lachwekkend en zielig. Hij maakte een paar wegwerpgebaren die te groot waren voor het kleine leed op de doellijn.

Hoe graag wil deze goedzak dat zijn zoon een onbezorgd leven heeft? Op het voetbalveld gunde hij zijn kind geen fout.

De volgende wedstrijd van zijn zoontje moet Phil Hatfield missen; vader werkt op die dag voor een loodgietersbedrijf. Hij heeft beloofd zijn zoon voortaan niet meer uit zijn concentratie te halen en niet meer te duwen.

Een goed plan.

Laat kleine Osian maar schuiven.

Over Paulien, Edith en de steak

De voetbalcarnivoor der voetbalcarnivoren zet zijn tanden in een 'golden steak' van 478 euro, volgens de kok bestrooid met korrels van 24-karaats goud. Dat komt binnen als groot sportnieuws in het nieuwe jaar. Ik denk aan zilverpapier op een gevulde kies.

Voor mij hoeft het gerecht niet en dat schrijf ik zonder een spoortje jaloezie. De aanstichter van dit alles is Bayern-voetballer Franck Ribéry. Hij beweerde na felle reacties op zijn menu dat alle zeikerds van nu ter wereld waren gekomen als gevolg van een lekkend condoom in het ouderlijk huis.

Sorry Franck, ik kan het niet verifiëren; mijn ouders liggen al onder de zoden.

De energie van dit nieuwe sportjaar komt mij nog niet aanwaaien. Dat zit zo; ik ben verdoofd uit de feestdagen gekomen. Half december overleed regisseur en vriendin Edith Ruijg (66) aan kanker. Zij verzorgde acht jaar lang de regie van *Holland Sport* dat ik samen met Matthijs van Nieuwkerk presenteerde.

Edith bracht onze sportgasten met grote zorgvuldigheid in beeld. Ze hield van schoonheid en een fijne belichting. In haar regie gaf ze winnaars en verliezers compassievol dezelfde glans. De afgelopen dagen keek ik uitzendingen terug uit 2008 en 2010, met de vorige week overleden schaatsster Paulien van Deutekom (37) als gast. Daar zat ze, met die verwondering in haar grote ogen, de glimlach, het snelle praten.

Edith deed de regie; in haar werk leunde Edith nooit op sentiment (ze deed ooit als schakeltechnicus de traan van Máxima), de inhoud van het gesprek bepaalde het beeld, ook voor *Zomergasten* of *Pauw*.

In de studio zag Paulien zichzelf terug in Hamar tijdens een slopende 5000 meter. Uitgeput lag ze na afloop op het middenterrein. Draaien op haar rug, dan weer op haar zij. Tot niets meer in staat.

Terug in de studio zei niemand iets. De schaatsster doorbrak de stilte, met zelfspot: 'Was niet echt leuk.' Daarna bekeek ze een homevideo van een solotocht over natuurijs in haar vrije tijd. Schaatsen zonder het mes op de keel: 'Zo ben ik begonnen. Schitterend.'

Eind november bezocht ik Paulien thuis, samen met Erben Wennemars. Ze vertelde ons over de bestrijding van kwaadaardige cellen in haar lichaam. Over haar wereldkampioenschap, over haar leven, over haar gezin. Met een zwaar gemoed trokken we de deur achter ons dicht.

Het nieuwe jaar was een paar dagen oud toen Erbens naam op mijn telefoon verscheen. Ik wist genoeg.

'Slecht nieuws,' zei hij.

Op internet is Ribéry met zijn steak miljoenen keren bekeken. Een overspannen kok snijdt met een mes het goudkleurige vlees in reepjes. Armoedig camerawerk met een mobieltje. Smakeloos.

Ik troost me met het *Holland Sport*-archief. Paulien van Deutekom als levendige prater; stoer over succes, kwetsbaar over de roofbouw op haar sportlichaam. Edith hield de regie over het verhaal van Paulien.

Een een-tweetje tussen twee zachtmoedige vrouwen.

Wie goed kijkt, ziet de gulden snede.

Alles van woorden is waardeloos

Met mijn auto scheurde ik over de brug bij Deventer. De uiterwaarden aan de IJssel stonden droog op deze warmste winterdag ooit gemeten. *Langs de Lijn* stookte het vuurtje op. 'Over een kwartiertje begint het in Rotterdam. Komt de spanning terug in de eredivisie?'

Ik kneep mijn ogen dicht bij een oranje licht en parkeerde vlak naast de schouwburg. Om half drie begon Feyenoord-PSV en om vier uur moest ik als De Nar op in de voorstelling *King Lear*.

Dat werd een lekkere mix van theater en voetbal.

Binnen holde ik meteen door naar kleedkamer 11 en installeerde mijn laptop. Inloggen. Beeld. Net op tijd voor de aftrap. De Kuip stond al in vuur en vlam; Van Bronckhorst had zich gladgeschoren en zijn PSV-collega Van Bommel droeg een baard.

Na twintig minuten moest ik naar het podium voor een soundcheck. In de nog lege grote zaal zaten vier technici uit Deventer op een rijtje. Een van hen, Christiaan, keek via zijn mobieltje naar de wedstrijd. Hij zou me waarschuwen als er iets bijzonders was.

Op het toneel oefende ik in de rol van De Nar de oorlogsgeluiden die ik aan het einde van *King Lear* in een microfoon moest nabootsen. Lage ploffen van inslagen, mortiervuur, afweergeschut. Net toen ik luchtalarm deed, riep Christiaan.

'1-0.'

Ik holde naar beneden en zag de herhaling van het

doelpunt. De eredivisie werd nieuw leven ingeblazen bij deze stand, zo was duidelijk. Meerdere acteurs meldden zich bij mijn laptop.

Valt de opwinding van een voetbalwedstrijd te combineren met een serieus optreden? Ja hoor. Door de verhoogde concentratie en adrenaline op het toneel kan het brein van een acteur moeiteloos zijn tekst zeggen en timen, beelden van een voorbije week oproepen, en ja, ook even aan een eredivisiewedstrijd denken.

In 2015 was ik bij Jaap van Zweden in de dirigentenkamer van De Doelen. Vijf minuten voordat hij op moest voor de Vijfde van Dmitri Sjostakovitsj stond hij voor de tv in vol ornaat zijn Ajax aan te moedigen in een Europese wedstrijd tegen Fenerbahçe.

Het laatste halfuur van de wedstrijd kon ik niet live zien. De Nar moest uren op om tevergeefs zijn koning te behoeden voor de dood.

Pas na het slotapplaus kon ik weer naar mijn laptop en zag in de herhaling hoe een supporter een tweede bal op het veld had gegooid. Raar, onsportief. Het bleef 2-1. PSV-trainer Van Bommel was na afloop geïrriteerd. 'We hebben Feyenoord in de wedstrijd geholpen door te langzaam te spelen.'

Zo zijn de praatjes van een verliezer.

De Nar reed in het donker de brug van Deventer over en dacht aan een van zijn laatste zinnen in *King Lear*: 'Alles van woorden is waardeloos.'

Een rondje vliegen met Amy

Op weg naar de top van de berg Montjuïc keek Messi via de spiegelende ruit van het kabeltreintje naar Messi. Hij zag een opgekamde kuif, een baard en de ondoordringbare glazen van zijn zonnebril. Een gewone, anonieme jongeman. Eigenlijk kon Messi iedereen zijn: een taxichauffeur in een versleten Benz, een drogist met een voorliefde voor homeopathische producten of een hippe barista die met melk hartjes goot in de schuimkraag van een cappuccino.

Maar hij was Messi, de beste voetballer ter wereld.

De stad Barcelona zakte steeds verder weg in de diepte. Nog een paar minuten en de funicular, zoals ze de kabelspoorweg in Barcelona noemen, zou eindigen in het pretpark Tibidabo.

Aan het bedieningspaneel stond een mannetje in een verschoten gemeente-uniform met een pet op; de stoffen klep was vettig van het jarenlang op en af doen. 'Er is verder niemand in het park, hoor. Iedereen wordt vanwege je komst op afstand gehouden. Dat kun je hier echt wel aan de beveiliging overlaten, zeker sinds die aanslag in de stad. Alles wordt in de gaten gehouden. Jij ook.'

De man wees naar een glasbolletje dat in de hoek hing. 'Zwaai maar even.'

Met lichte tegenzin stak Messi zijn hand op. De lift stond met een schok stil. Het eindstation, op ruim 500 meter boven de stad. Er was geen publiek te zien bij de attracties. Wel stonden hier en daar groepjes gewapende militairen en politie.

'Is Amy er al?' vroeg Messi aan het mannetje.

'Amy? Geen idee.'

Messi liep door het park. Draaimolens, een achtbaan, schommels. Hij was hier voor het eerst. Zelfs nu alle attracties vanwege zijn komst stilstonden, moest hij toegeven dat dit een prachtplek was voor zijn kinderen.

Messi slenterde over het lege terrein. De prullenbakken puilden uit van de lege flesjes en bekers. Hij herkende een volle, dubbelgevouwen luier, van het merk dat hij thuis boven de commode in de kinderbadkamer had staan. Messi was niet vies van verschonen. Poep van je kinderen stonk nooit, nee, dat róók.

Het mannetje van de *funicular* stond weer voor Messi.

'Een collega van mij vertelde net dat die Amy van jou waarschijnlijk naar het rode vliegtuig komt.'

Messi liep naar de rand van het park en zag de stalen vleugels van het propellervliegtuig blinken in het tegenlicht. Het model was een replica van het toestel dat in 1928 voor het eerst van Barcelona naar Madrid vloog. Nu hing het als attractie aan een staalconstructie en maakte het slome rondjes voor toeristen.

Een Tibidabo-mannetje liet Messi instappen. 'Je moet een stoeltje aan de buitenkant kiezen, dan heb je het mooiste uitzicht over de stad.'

Messi volgde het advies op en zat met zijn hoofd precies voor een raampje. Het mannetje stapte in, sloot de deur en drukte op een knop. Met een lichte schok zette het vliegtuig zich in beweging. In de verte blonk de zee. Met zijn hand boven zijn bril zag Messi de pilaar met Columbus erop. Hij trok een denkbeeldige lijn: dan moest daar de Ramblas zijn.

Het mannetje haalde een verfrommelde ansichtkaart van Tibidabo uit zijn zak. Op de voorkant stond een ingekleurde foto van het vliegtuig, de achterkant was nog onbeschreven. Uit de binnenzak van zijn colbert pakte hij een pen. 'Meneer Messi, alstublieft, zou u er iets aardigs op kunnen schrijven? Mijn moeder is 97 jaar. Ze ligt hele dagen op bed en ziet bijna niets meer. Ze luistert dag en nacht naar het geluid uit de televisie en is al heel haar leven Barça-fan. Als ze tijdens een wedstrijd hoort dat u scoort, roept ze drie keer uw naam.'

Messi pakte de pen en de ansichtkaart aan en wilde een krabbel zetten, maar er kwam geen inkt uit de punt. Hij likte er een keer aan. Hielp niet.

'Uw pen is leeg.'

Het mannetje draaide de pen los en hield de doorzichtige vulling tegen het zonlicht. 'Er zit anders nog genoeg inkt in. Heeft u een pen?'

'Nee,' zei Messi. 'Ik schrijf bijna nooit meer. Alles gaat met een mobieltje tegenwoordig.'

'Verdomme,' zei het mannetje.

'Wacht,' zei Messi. Met de nagel van zijn wijsvinger duwde hij op het papier en zette zijn handtekening. 'Je ziet het niet, maar hij staat erop, zeg dat maar tegen je moeder.'

'Een onzichtbare handtekening van Messi!' riep de man en hij sloeg een kruis van voorhoofd naar borst.

Enigszins ongemakkelijk wendde Messi zich af en keek naar buiten. Hoeveel uren van zijn leven had hij al in een vliegtuig gezeten? Lange vluchten op en neer naar Argentinië. Met vermoeide benen na een Europese wedstrijd in de nacht nog terug naar Barcelona.

Zijn horloge stond op kwart over zeven. De afspraak was gepland om zeven uur. Een of ander vaag voetbalblaadje met de naam *Santos* haalde een dode beroemdheid voor een paar uurtjes terug op aarde. Ze hadden hem gekoppeld aan zangeres Amy Winehouse. Zijn manager vond het fantastisch, dus kon Messi geen nee zeggen.

De vlezige hand van de bestuurder landde op zijn schouder. 'Ik moest van mijn zoon vragen hoe hij net zo goed kan worden als u.'

Messi kon een zucht niet onderdrukken. 'Hij moet veel trainen, gezond eten en een rustig leven leiden.'

'Hij is alleen al 29 jaar en speelt nu in het vijfde bij een amateurclub in Sitges.'

'Dan wordt het best lastig,' zei Messi.

Terwijl de man op het paneel de snelheid van het vliegtuig opvoerde, knikte hij. 'Ik vind mijn zoon aan de dikke kant. Hij is gek op *churros*. Hij dipt de ene na de andere gefrituurde stengel in die chocodrab.'

'Fruit, groente, heel belangrijk. Iedere dag weer,' zei Messi.

Vanuit de diepte van de stad kwam een helikopter richting Tibidabo gevlogen. Eenmaal recht boven het platform van het vliegtuig bleef hij stil in de lucht hangen. Aan de zijkant ging een schuifdeur open. Messi keek door het raam vanuit het vliegtuig omhoog. Hij zag twee blote beentjes, met bungelende hoge hakken aan de tenen.

'Dat zal die Amy zijn,' riep het Tibidabo-mannetje.

De zangeres hing met haar brede riem aan een haak. Door de wind waaide haar rode jurkje alle kanten op. Messi zag het dunne lijfje, vol met tattoos en krassen. Met haar ene hand hield ze de kabel beet, in de andere hand een ukelele.

De piloot gaf een teken. Terwijl ze zakte, viel een van haar schoenen naar beneden, ketste tegen een hek en verdween in de afgrond. Haar gekrijs kwam boven het lawaai van de rotoren uit.

Langzaam zakte Amy naar het platform. Messi zag haar slipje. Zwart, met kant afgezet. Hij dacht aan zijn vrouw en zijn kinderen. Strompelend op één hak liep Amy naar het vliegtuigje en werd door het mannetje binnengelaten. Ze liep meteen door naar Messi, zoende hem op zijn voorhoofd en ging naast hem op het bankje zitten.

'*Hi love*. Jij dacht zeker: *Die Amy, die komt toch niet opdagen. No show.* Maar ik heb mijn leven gebeterd na de dood.'

'Hai, ik ben Lionel Messi. Zeg maar Leo.'

'Leo... Deo... Ik ontmoet bijzondere types de laatste jaren.'

Het mannetje zette het vliegtuig weer in werking. De helikopter vloog rechtstandig omhoog en bleef op vijftig meter boven het platform hangen. Het lawaai hield aan.

'Wacht even!' riep Amy.

Ze boog over Messi heen, hing haar hoofd uit het raam en kotste een dikke straal naar buiten. Ze veegde een paar spuugslierten weg uit haar gezicht.

'Drink je nog steeds?' vroeg Messi.

'Nee, ik ben misselijk van het vliegen in die *fuckin'* heli.'

'Je bent kleiner dan ik dacht,' zei Messi.

'En ik wist niet dat jij een rossige baard had,' antwoordde Amy.

Met zijn vingers trommelde Messi op het bankje en

keek naar buiten. Barcelona lag er goudgeel bij. Ergens in de verte wachtten zijn vrouw en drie kinderen op de heer des huizes.

Het mannetje liet het vliegtuig in hoger tempo rondjes draaien.

Amy pakte het dijbeen van Messi beet. 'Luister, Leo. Ik ben niet voor niks uit deze hel onder ons vertrokken. 500 meter boven zeeniveau, dat trek ik nog net. Ik blijf vijf minuten en dan zoek ik boven de rust weer op.'

'Mis je de optredens en het publiek?' vroeg Messi.

Ze zei niets, zette haar hand theatraal aan haar keel en kneep. Haar ogen puilden uit en ze liep rood aan. 'Roem? Stik erin.'

'Ik ben heel gelukkig als ik een volle tribune zie.'

'*Soccer sucks*,' zei Amy.

Messi begreep niet goed wat ze bedoelde. Onhandig begon hij wat te vertellen. 'Voetbal is alles voor mij. Op het veld voel ik me vrij. Spelen met een bal, dat is mijn leven.'

'Mijn leven is muziek, zelfs na mijn dood.'

'Je hoort bij "De club van 27", toch? Met Kurt Cobain en Jimi Hendrix en zo. Wel erg om al zo jong dood te zijn.'

'Ach, dat is maar hoe je het bekijkt. Ik ken heel veel mensen die bij leven al dood lijken. Jij maakt ook al een heel oude indruk, Leo.'

Amy pakte haar ukelele, ging met haar tong over haar lippen en trok een diepe frons in haar voorhoofd. 'Ik zing een liedje voor je. Een cover. Heb ik vroeger opgenomen met een Amerikaanse zanger. Luister maar.'

Met haar ogen dicht tokkelde ze, nog zonder te zingen. Een sloom tempo, een paar akkoorden. Toen ging haar mond open:

My heart is sad and lonely,
For you I sigh, for you, dear, only
Why haven't you seen it
I'm all for you, body and soul

Ze stopte abrupt met zingen en schudde haar hoofd. Het leek of ze iets wegslikte. Messi had het niet door, hij was blij dat hij het nummer herkende.

'*Body and Soul*, toch? Dat duet met die Tony Bennett. Draai ik altijd als ik alleen in de auto zit na de training, op weg naar huis. Ik denk dan altijd aan mijn vrouw, van wie ik zo veel hou.'

Amy legde de ukelele op schoot en keek met een brutaal gezicht naar Messi. 'En, neuk je genoeg?'

Messi kreeg een kleur. 'Eh, ja, ik denk het wel.'

'Houden zo,' zei Amy. 'Het kutleven draait om de liefde, niet om die *fuckin'* bal.'

Ze deed haar duim en wijsvinger tussen haar lippen en floot naar het mannetje achter in het vliegtuig.

'Stop!' riep ze.

Het mannetje maakte het rondje af, zette het vliegtuig stil en zwaaide de deur open. Op één hak stapte Amy uit, wankelend. Ze zwaaide naar de helikopter, die meteen begon te zakken. Op tien meter boven de grond bleef hij hangen. De haak kwam naar beneden.

'Leuk je ontmoet te hebben,' zei Messi en hij stak zijn hand naar voren. Amy negeerde hem en maakte de haak vast.

'Hier,' zei ze en gaf de ukelele aan Messi. 'Dit is een fijn maatje voor jou. Je leert het zo, er staat een cursus ukelele op internet. Ga lekker zingen voor je vrouw en kinderen. Ga ik omhoog, op zoek naar een godendrankje.'

Ze kuste hem weer op zijn voorhoofd.

De kabel vanuit de helikopter haalde Amy langzaam binnen. Messi zag dunne benen in de lucht spartelen. De overgebleven schoen van Amy schoot los en viel naar beneden. Messi maakte razendsnel een sprongetje opzij, alsof hij een aanslag van een verdediger op zijn enkels ontweek.

De helikopter verdween achter de Montjuïc.

Messi raapte de schoen van de grond en liep terug naar de funicular. Hij stapte in, ging op een bankje zitten. De bestuurder drukte op een knop, het treintje rammelde over het spoor naar beneden.

Messi pakte de ukelele en haalde zijn duim een keer over de snaren. Het klonk al best aardig. Hij deed het nog eens en zong, bijna onhoorbaar, de eerste zin van *Body and Soul*:

My heart... is sad... and lonely...

De bestuurder gaf een applausje: 'Een mens kan alles leren.' De funicular stond met een schok stil. De bestuurder ontgrendelde de deur.

Messi's auto stond vlakbij geparkeerd. Hij piepte het slot open, ging zitten en sloot het portier. Wacht even, die damesschoen, daar zou hij tegenover zijn vrouw geen goed verhaal bij hebben. Hij verstopte hem onder zijn stoel en legde de ukelele op de achterbank.

Bij het eerste stoplicht zocht hij op zijn mobieltje in zijn Spotify-playlist en vond Amy met Tony.

Het volume loeihard.

Licht op groen.
Een dotje gas.
Netjes twee handen aan het stuur.
Body and Soul.
Ja, Messi had alles onder controle.

Mathieu op Het Schuine Kantje

De grafzerken rond het hooggelegen kerkje van Bogense waren door een schutting goeddeels aan het zicht onttrokken. Het WK veldrijden moest een sportfeest worden in het Deense stadje en daar hoorde knipogen naar de dood niet bij.

Langs het parcours banjerde het trouwe wielervolk. Op haar lelijkst, zoals het hoort; van kou vertrokken koppen, vette lippen van de friet en kleding die niet charmeert maar warm houdt.

Aan de start stond Mathieu van der Poel. En nog een stel renners. Maar het ging om Van der Poel; hij moest na drie gemiste kansen in de afgelopen jaren weer wereldkampioen worden.

De bruggen en trappen op het parcours waren kunstmatig aangelegd. Waar je ook keek, steeds zag je materialen die zo uit de plaatselijke bouwmarkt leken gehaald: aluminium pijpen, houten vlonders, treden met kliksystemen.

Alles voor de troosteloze tijdelijkheid.

Vlakbij het kerkje liep het parcours flink omhoog, om te eindigen op 'het schuine kantje'. Het was een steil oplopende strook waar een groothandelaar in tuinaarde naar hartenlust had mogen storten. Het modderpaadje liep schuin omhoog en was daarmee het *pièce de résistance* van de wedstrijd.

Wie hier op het zadel kon blijven zitten, was van uitzonderlijke klasse.

Al in de eerste ronde zag je de verschillen. Hoewel Mathieu van der Poel niet in zijn beste vorm stak, reed hij iedere keer relatief makkelijk tegen het schuine kantje op. Zijn fiets, met name het achterwiel, had steeds de neiging om naar beneden te glijden maar in al zijn behendigheid trok Van der Poel het frame mee omhoog.

Wie daar met de voet de grond raakte, raakte meteen meters achterop. Het werd een psychologisch spelletje. Het schuine kantje zat in ieders hoofd, iedere ronde weer.

Al snel werd duidelijk dat Wout van Aert de belangrijkste belager was van Mathieu van der Poel. Het Vlaamse talent reed furieus, zijn ogen stonden aanvankelijk goed. Dit werd de tweestrijd om het goud.

Daar kwam het schuine kantje alweer.

Van der Poel ging op kop, hij hield lichaam en fiets in evenwicht en wipte handig door de modder naar boven. Achter hem gleed Van Aerts fiets weg, zijn voet moest naar de grond. De hapering was het sein voor Van der Poel om hard door te rijden. Van Aert moest in de achtervolging en werd uiteindelijk tweede achter de winnende Nederlander.

Het stadje Bogense had mij na dit WK niet bepaald betoverd, vermoedelijk omdat het door de noodzakelijke aanpassingen meer weg had van een verhuurbedrijf van dranghekken en steigers dan een idyllisch Deens oord om eens een weekje te verblijven.

Voor twee zaken zou ik de reis eventueel aanvaarden. Het uitzicht over zee vanuit de oude kerktoren en een glibberbezoek aan Het Schuine Kantje, dat na Van der Poels gouden medaille wellicht de status krijgt van een bedevaartsoord voor al zijn volgelingen.

De perfecte drinkpauze

Het was Feyenoordweer. De regen geselde de straf kijkende gezichten van het publiek; niemand zat helemaal droog in de winderige Kuip voor de Klassieker. Doodkalm liep aanvoerder Robin van Persie door de spelerstunnel. Hij ging aan alle klaarstaande Ajax-spelers voorbij en voegde zich bij een meisje dat als mascotte het veld moest oplopen. Als een vader ging hij door zijn knieën, kletste wat en aaide haar ondertussen zachtjes over haar haren. Geen spoor van zenuwen.

In het stadion heerste een gespannen sfeer. Wie geloofde er in Rotterdam de afgelopen tijd nog in een overwinning op Ajax?

Robin van Persie dus.

Na drie kwartier voetbal stond Feyenoord met 3-2 voor. De spits van Feyenoord speelde een weergaloze eerste helft. Nauwelijks van de bal te krijgen, altijd oog voor een gaatje in de Ajax-verdediging, overal een stapje eerder bij.

De 35-jarige aanvaller oogde jeugdig en gretig, alsof hij nog steeds iets nieuws wilde uitvinden met de bal aan zijn voet.

Na het rustsignaal liep hij in wandelpas naar de tunnel. Op zijn gezicht stond een grote grijns. Hij keek naar het publiek en zijn medespelers en nam de tijd om te genieten van de sfeer. Vlak voordat hij van het veld stapte, balde hij zijn vuisten en zweepte het publiek op.

Later zou Van Persie zeggen: 'Ik zag die fans. Dat gelóóf! Ik dacht: wow, wat mooi, het gaat vandaag gebeuren.'

En het gebeurde: Feyenoord won van Ajax.

Van Persie maakte in de tweede helft met een ogenschijnlijk eenvoudige voetbeweging 4-2. Hij liep naar de supporters achter het doel en begon met twee wijsvingers de gezangen te dirigeren. Scheidsrechter Danny Makkelie liet hem maar even begaan. Niemand mocht aan de grote ster komen.

Tijdens een blessurebehandeling van een Ajax-speler zwaaide Van Persie naar de dug-out. Wilde hij al gewisseld worden? Nee, hij had dorst. Vanaf de kant vloog een rode bidon door de lucht. Met het hoofd in de nek en het haar in natte strengen achterover op de smalle schedel, spoot hij het water in zijn mond.

Zelfs een drinkpauze werd door Van Persie technisch perfect uitgevoerd; geen druppel miste doel.

In de 67ste minuut werd de moegestreden aanvoerder naar de kant gehaald. Onder een staande ovatie liep hij naar de bank, trok een regenjack aan en ging naast de reserves zitten.

Giovanni van Bronckhorst had vooraf aan zijn team gevraagd om een wedstrijd te spelen die iedereen nog jarenlang zou bijblijven. Dat was gelukt. Je hoefde maar naar de gelukzalige, natgeregende koppen in het stadion te kijken. Deze overwinning was belangrijker dan de verbreding van de Coolsingel, de zevenjarige verbouwing van museum Boijmans of de spoedoperatie aan de Botlektunnel.

Feyenoord genoot. Rotterdam genoot.

Van het cijfer 6 in de uitslag, van de vernedering van de aartsrivaal, van de jankende Kuip maar vooral van clubicoon Robin van Persie.

We 'varren' ons een ongeluk

Er bestaat tegenwoordig zoiets als 'uitgesteld kijken'. Een vreemde term. Uitgesteld kijken bestaat niet; als ogen iets waarnemen is dat in het hier en nu. Een rood stoplicht vanachter het stuur is meteen een rood stoplicht, niet pas een halve minuut later.

Natuurlijk begrijp ik wat er met uitgesteld kijken wordt bedoeld. Het is een term voor beelden die je later ziet dan het 'live' op televisie geprogrammeerd stond. We hoeven niet per se op het vastgestelde tijdstip te kijken, het kan een paar uur of zelfs een paar weken later.

In een ver verleden was je tijdens een voetbalwedstrijd al blij met een knipperende, witte H in de hoek van het beeld. Vanuit Hilversum werd je zo duidelijk gemaakt dat het hier een herhaling van een doelpunt betrof. Iedereen raakte er zo aan gewend dat je op de tribune in een stadion vaak om je heen hoorde dat de herhaling gemist werd.

De techniek heeft niet stilgestaan. Alle beelden zijn voorhanden. Herhalingen zijn gemeengoed geworden, op een mobieltje kunnen we terugkijken en ons een mening vormen over een penalty. De scheidsrechter heeft inmiddels ook een hulpje: de VAR. En het televisiepubliek kan over de schouder van de twijfelende arbiter meekijken naar die VAR.

Caleidoscoop par excellence.

We herkauwen, herhalen en 'varren' ons een ongeluk.

De herinnering aan een moment is niet meer genoeg.

Bij het cruciale duel tussen FC Utrecht en PSV waren twee verrukkelijke terugkijkmomenten: spits Luuk de Jong werd in het strafschopgebied aan zijn shirt getrokken en verdediger Denzel Dumfries gleed een tegenstander omver. De VAR wakkerde de discussie over die momenten alleen maar meer aan.

Het met twee wijsvingers in de lucht natekenen van een televisiescherm is inmiddels een klassieker in de kroeg of op een studentenfeest. Laat je een paar glazen bier vallen? Even de VAR aanroepen.

Het liefst kijk ik naar trainer Dick Advocaat als de VAR wordt geraadpleegd. De ontwikkeling van een woede op dat verongelijkte gezicht, het is een genot om te zien. Je zou bijna gaan geloven dat de VAR is uitgevonden om Advocaat op de kast te jagen. De beslissing valt altijd in zijn nadeel uit.

Hier en daar heeft de VAR een goede invloed op de wedstrijd. Maar vaak genoeg roept het nieuwe systeem net zoveel discussie op als een verkeerd fluitsignaal van de scheidsrechter. Op zijn slechtst wordt een voetbalduel – zeker naderhand – teruggebracht tot een paar 'varretjes' en een ellenlange discussie.

Aan het einde van het sportweekend bezondigde ik me ook maar eens lekker aan uitgesteld kijken. Ik had live gekeken naar de gouden 1500 meter van schaatsster Ireen Wüst. Ze barstte naderhand in tranen uit en droeg de overwinning op aan haar overleden maatje Paulien van Deutekom.

Geen var. Geen discussie.

Dit sportmoment was – live en in de herhaling – precies wat het was: puur, knap en emotioneel.

Wielerdijen als koeienpoten

Harrie zat al met één arm in die trui. Dat was een prachtzin van collega-baanwielrenner Jeffrey Hoogland die al na het eerste finalesprintje voelde dat hij het goud dreigde te verliezen. Aan Harrie. Maar goed, die Harrie moest eerst nog maar eens die andere arm in die regenboogtrui zien te wurmen.

Harrie – heerlijke naam voor een krachtmens, voluit Harrie Lavreysen – heeft een arm ter grootte van een stevig puberbeen. Zijn pols heeft de vorm aangenomen van een kuit, zijn bovenarm lijkt een volwassen dij.

Het onderstel van Harrie, moet ik het daar ook over hebben? Zijn bovenbenen doen denken aan koeienpoten die mannen in bebloede overalls vanuit een vrieswagen naar de slagerij sjouwen.

Die hele bonk vlees wordt vlak voor de start van een nummertje sprinten in een strak aërodynamisch pak gehesen. Normaal lopen is er niet meer bij. Snel, op het zadel.

Een aantal jaren terug maakte ik op de wielerbaan in Alkmaar mee hoe voormalig wereldkampioen sprint Theo Bos ging meetrainen met de nieuwe lichting sprinters, onder wie Jeffrey Hoogland en Matthijs Büchli.

Bos was de man van de ranke stijl. Hij vergeleek zich graag met een luipaard. Hij had lange spieren, stevig waar ze stevig moesten zijn. Voor het sprintwerk anno nu had Bos toch iets anders nodig. Volgezogen spieren die op klappen staan. De baansprinter zit verstopt in het lijf van een gewichtheffer. De jongens in Alkmaar waren veel in de weer met het sjorren aan halters.

Daar stond het luipaard, eenzaam tussen een kudde ossen. Met zijn sluwheid en 'nieuwe' spieren wist routinier Bos (35) nog een eind te komen. En zie, op de afgelopen WK won hij knap zilver op de kilometertijdrit.

In het sprintersgeweld is het hebben van die angstaanjagende spiermassa noodzakelijk. Je moet slim zijn op de houten baan en goed kunnen sturen, maar zonder turbodijen win je geen regenboogtrui.

Zo sterk als de benen van Harrie zijn, zo broos is zijn schouderwerk. Al jaren glipt het kogelgewricht regelmatig uit de kom. Hij draagt in bed zelfs aangepaste kleding om te voorkomen dat zijn arm in de ochtend levenloos naast het nachtkastje hangt.

Ondanks alle trainingsuren in het krachthonk waren de gigantische dijen van Harrie na de gewonnen finale op het koningsnummer van de WK baanwielrennen opgeblazen en verzuurd.

Getuige zijn tekst (inclusief gehijg) direct na de finish: 'Hu-huh. Helemaal kapot. Hu-huh. Dit is zó vet, oh, huh-huh. Ik eh, huh, voelde me zo sterk. Wereldkampioen. Huh-hu, kan het niet geloven. Oh, mijn benen, ik moet fietsen.'

De spieren in de benen protesteerden hevig, ze waren weer zwaar op de proef gesteld. Harrie wankelde naar het middenterrein om uit te fietsen in afwachting van de prijsuitreiking.

Na een half uurtje ging het weer en stond hij niet met één, maar met twee gespierde armen in de regenboogtrui naar het volkslied te luisteren.

Fokkin' vet, Suzanne Schulting

Meiden. Ja, ik ga het woord meiden maar eens gebruiken. Niet: vrouwen. Dat klinkt me te oud. Natuurlijk, het waren vrouwen die de rondjes schaatsten op de shorttrackbaan in Sofia. Jonge vrouwen. Maar dit noem je 'meiden,' zoals boegbeeld Suzanne Schulting het zelf graag zegt.

Na twee wereldtitels wilde Schulting graag de relay winnen, de aflossingswedstrijd met je teamgenoten. Met haar maatjes, haar meiden.

Schulting lag in de laatste ronde op kop. Als de sterke Friese op kop ligt, blijft ze doorgaans op kop. Dat weten ook haar tegenstanders. Met machtige Schultingslagen kwam ze uit de bocht.

Er kon niets meer misgaan.

De spiermassa in haar onderstel maakte de concurrentie bij voorbaat moedeloos. Ze hadden uitzicht op die twee ijzersterke benen en kwamen er gewoon niet meer langs.

Schulting wil alles winnen wat er te winnen valt. Grote winnaars hebben dat dierlijke genoegen op hun gezicht staan, al weet Schulting dat vooraf nog aardig te maskeren met een ontspannen lach en een kusje dat ze vanaf haar vlakke hand de wereld in blaast.

En toch ging het mis. Na de laatste aflossing met een van haar teamgenoten ging Schulting onderuit. De kampioene gleed reddeloos de kussenwand in. Toch even de concentratie weg en gevallen.

Coach Jeroen Otter: 'Ze kijkt om, gaat voorover en komt met de punt van haar schaats in het ijs. Heel lullig. Maar je moet gewoon niet vallen.'

Na de mislukte race stond Schulting te snotteren voor de camera. Ze voelde zich schuldig: 'Ik had het toernooi zo graag mooi willen afsluiten met die meiden. Samen vieren is het allermooiste dat er is.'

Daar was het woord weer: meiden.

Met collega's als Yara van Kerkhof en Lara van Ruijven vormt Suzanne Schulting een hecht clubje. Ze zijn tijdens toernooien altijd met elkaar in de weer. Aanmoedigen. Feesten. Troosten.

Waar mannen, eh jongens, elkaar een klap op de schouders geven duiken deze shorttracksters na een wedstrijd in elkaars lijven en is nauwelijks nog te zien van wie het been of de arm is.

Wat je ziet is een kluwen van meiden.

In het weekend liet ik me hun taalgebruik ook smaken. Het swingt, het is van deze tijd. Waar jonge voetballers klinken als oude kerels die maar de helft van de verplichte mediatraining hebben begrepen, goochelen de shorttracksters met woorden van de straat.

Suzanne Schulting slaat alles. Ze is 'fokkin' blij' met de twee gouden medailles. Als het op haar val komt, schiet er even een deftige zin in haar hoofd: 'Ik heb lichtelijke spijt, ja.'

Maar dan komt het plezier weer boven. Ze heeft als eerste Nederlandse de WK-allroundtitel gewonnen: 'Ja, echt heel sick. Heel vet, heel cool. De vetste titel ooit.'

Zo is het, meid. Deze man van de krant vond het ook eh... cool, chill zelfs, nice zou ik willen zeggen, debiel goed, bizar en superlauw, Suus.

Wat te doen na een eigen doelpunt

Blijf staan als je staat, blijf liggen als je ligt. Doe op het moment dat de bal over de lijn is even niets. Geef iedereen en vooral jezelf de tijd om aan het idee te wennen dat er een eigen doelpunt is gemaakt. Het verdient aanbeveling naar het gras te kijken, maar de ogen richting hemel is ook goed.

Vertraag je motoriek, dat geeft weer dat je als eigendoelpuntenmaker weet wat je zojuist overkomen is. Het is een drama; voor jezelf, de keeper, je team en de fans.

Zoek een plekje in het strafschopgebied, ga stilstaan met je handen in de zij en wacht op een reactie van een medespeler. Meestal zal een teamgenoot je opbeuren met een schouderklop, een bemoedigend woordje, een aai over de bol.

Laat dit toe.

Als een tegenstander een cynische of flauwe opmerking maakt, doe of je die niet hoort. Laat een eventuele fysieke afrekening tijdens de wedstrijd aan je team over.

Het publiek en de camera's zullen je de eerste minuten na het eigen doelpunt extra in de gaten houden. Het verdient aanbeveling om na de aftrap nog een paar keer met het hoofd te schudden. Als fans van je club je naam scanderen, doe je een hand kort omhoog, zonder naar ze te kijken. Een opgestoken duim, hoewel tegenwoordig iets te vaak gebruikt, behoort ook tot de mogelijkheden.

Doe niet lacherig, hoe bespottelijk je actie ook was.

Mocht je zeker weten dat je niet de hoofdschuldige bent van het eigen doelpunt, laat het dan merken. Verleg de aandacht. Roep iets onverstaanbaars naar de keeper, desnoods twee keer, of wijs naar je collega die een voorzet niet voorkwam. Spreid je armen en trek een verbaasd gezicht of maak wilde sprongen op de plaats delict.

Drie vingers van één hand in de lucht steken en heel hard 'drie!' roepen sticht de nodige verwarring bij iedereen en leidt de aandacht op jou even af.

Bedenkelijk onder je schoenen kijken en boos een kluit tussen de noppen peuteren is de slechtste truc om je fout te maskeren. Bedenk: een eigen doelpunt is nooit de schuld van je schoen of de bal.

In het resterende deel van de wedstrijd moet je laten zien dat je de fout wilt goedmaken. IJverig zijn kweekt sympathie bij het publiek. Een goed uitgevoerde sliding op een nat veld doet wonderen.

Draag een eigen doelpunt niet mee als een zak stenen op je rug. Duik na het laatste fluitsignaal niet weg voor microfoons en camera's. Sta de pers te woord en probeer al weer boven de ellende te staan. Maak er geen verkeerde grap over maar trek ook niet het gezicht van een doodgraver.

Zeg na afloop: 'Het is nooit leuk.'

Een lange neus naar de dood

Boven op de Cipressa klingelden de kerkklokken toen het profpeloton over het dorpsplein reed. De helikopter toonde rustieke beelden van de Italiaanse bloemenrivièra; het glas van de kassen weerspiegelde de voorjaarszon en op balkons hing de was te drogen.

Schone schijn.

De afdaling van de Cipressa richting de kustweg werd dadelijk bloedlink; smal, steil, met scherpe bochten.

Niccolò Bonifazio kende het parcours van Milaan-San Remo als zijn broekzak. Bonifazio – die naam herbergt iets goeds – is van huis uit een sprinter. Sprinters verschuilen zich doorgaans in deze wielerklassieker; ze komen pas tevoorschijn op de Poggio en proberen later op de Via Roma als eerste over de finish te komen.

Bonifazio had een ander plan: hij ging iedereen schrik aanjagen.

De renners maakten zich in de afdaling op voor de eerste haarspeld. Bonifazio liet de teugels juist vieren. Hij wilde met doodsverachting afdalen. Naar beneden vallen. Een lange neus trekken naar de dood. Doorgaans heeft de dood daar een compromisloos antwoord op: hij rukt je met alle plezier uit het leven.

Op de steile stukken naar beneden trapte Bonifazio zich een ongeluk. Zijn snelheid lag rond de tachtig kilometer per uur. Een normaal mens gaat dan aan de familie denken, aan verzekeringpapieren in de onderste lade, aan blijvende schade in je kop.

Bonifazio kon nauwelijks denken. De snelheid lag zo hoog dat hij de omgeving als vage vegen waarnam. Voor de cameraman op de motor van de RAI was het ook hard werken. Ik heb de beelden van Bonifazio's afdaling ongeveer tien keer teruggezien.

Het was niet bij te houden.

'Muurtje, bocht, grijze meterkast, tak, boom, geparkeerde auto, vangrail, rotsblok, paaltje, man met mobieltje, bocht, weer een bocht, parasol, auto, hek, nog een hek, dubbele vangrail, muur, bocht, bierblikje.'

Bonifazio heeft het allemaal niet scherp kunnen zien. Als een bezetene bleef hij trappen. Het moment van los van de grond komen was niet ver weg meer. Tussen twee bochten nam de op hol geslagen gek een slokje uit zijn bidon.

En weer trappen, harder en harder.

Bonifazio waande zich de snelheid zelve. We waren getuige van waanzin, ja. Van verslaving aan vaart, op twee dunne bandjes. Kon ik maar even mee, liggend op zijn gebogen rug, de wind die tranen blies in mijn ogen.

Op naar het einde, naar niet te meten snelheden. Het leek of Bonifazio naar een ander universum was gesneld waar alleen hij mocht fietsen.

Het werd weer vlak. De Italiaan reed langs de zee en kwam langzaam bij zinnen; hij reed aan kop in Milaan-San Remo en had de dood in de laatste bocht zijn kont laten zien.

Ik merkte iets van teleurstelling toen het peloton maar twintig seconden achter Bonifazio bleek te rijden. De razende engel van de afdaling werd in de kraag gegrepen en reed tussen gewone stervelingen op de fiets de wielerklassieker uit.

De Italiaan eindigde anoniem als 131ste.

Voor mij was Bonifazio de ster van de koers.

Een likje van een ruwe paardentong

Oren vertellen veel over de gemoedstoestand van een paard. Als ze naar achteren staan is het niet pluis. Ik meende te zien dat toppaard Zenith tijdens zijn afscheid op Indoor Brabant even moest wennen aan de uithalen van zangeres Glennis Grace.

'Zeg dat je niet hoeft te gaan,' zong ze.

Terwijl het publiek in de volle hal snotterde om Zeniths pensioen, dacht het paard zelf vermoedelijk aan een handje voer. Het blijft wonderlijk hoeveel mensen van dieren houden. Samen praten lukt niet. Dan maar de liefde betuigen met aaien, eten en drinken geven, een eindje wandelen.

In ruil voor een likje van een ruwe paardentong.

Jeroen Dubbeldam is een paardenliefhebber pur sang. Jarenlang zat hij op de rug van Zenith; in 2014 werd het duo wereldkampioen. Dubbeldam wilde voorkomen dat zijn lieveling te lang in de topsport zou blijven en schonk hem een stressvrij bestaan.

Zonder hoofdstel, zonder zadel — bevrijd van de dagelijkse beslommeringen van een topsportleven — mocht Zenith de wei in. Het paard zwaaide met de pronte staart, sprong met vier voeten tegelijk in de lucht en rolde daarna zijn rug door het gras.

Zijn baas keek verliefd naar het tafereel. Natuurlijk besefte hij dat het ooit een keer afgelopen is met een ouder paard: 'Dan hoop je maar dat het op een vredige manier gaat, zonder lijden.'

In het land sterft het van de merries en de hengsten. Ze krijgen niet allemaal een afscheidsoptreden van Glennis Grace cadeau. Duizenden paarden leggen het loodje na een anoniem bestaan; ze sjokken in slome rondjes door het zand en dan valt een keer het doek.

Wat dan?

Onlangs ging ik voor een theatervoorstelling naar Vilvoorde in België. Ik kreeg een tip, ga vooraf eten bij restaurant De Kuiper. De specialiteit sinds jaar en dag: paardenbiefstuk met friet.

Paardenvlees staat er niet goed op sinds Nederlandse handelaren het meest malse stukje van honderden pony's verkochten als rundvlees. De boeven kregen celstraf en hoge boetes.

Het neemt niet weg dat ik die avond in Vilvoorde smakelijk mijn tanden heb gezet in de paardenbiefstuk. Je zou kunnen zeggen, als eerbetoon aan het edele dier dat zo vaak voor de mens klaarstaat.

Zenith mag zijn laatste episode gaan genieten van het luie leven. Af en toe zal iemand op zijn rug zitten, maar alleen voor het plezier, niet meer om een sprong over een hoge oxer te wagen.

Vanachter het hek zag Dubbeldam zijn 'pensionado' in de wei staan. De glanzende vacht in het voorjaarszonnetje, met dat typische witte vlekje tussen de ogen.

'De perfectie ten top,' verzuchtte hij.

Als ooit de dag komt dat Zenith door zijn hoeven zakt en dood neervalt, krijgt hij dan een paardengraf? Of doet de paardenslager zijn werk?

De biefstuk van Zenith zal mals zijn na een topsportbestaan. Maar nee, hoe sappig ook, dat bordje met paardenvlees en friet moet de mens aan zich voorbij laten gaan.

Buitenaards goed

Vanaf nu wordt alles anders in het cyclisme. De oude sport moet op de schop. Of eigenlijk is het al zover: een wonderlijke jongen met een eeuwige blos op zijn wangen slaat de maat in het peloton.

Mathieu van der Poel bepaalt hoe een wielrenner zich voor, tijdens en na een wedstrijd gedraagt.

Ik meld u wat vandaag bij het grootvuil kan: trainingsschema's uit de vorige eeuw, de hartslagmeter, te kleine zonnebrillen, de klassieke zwarte koersbroek, een bidon met warme thee, bang en afwachtend fietsen.

Er was tijdens de Amstel Gold Race nog enige argwaan; ach, die arme Mathieu, had hij zich ruim veertig kilometer voor de finish toch uit de tent laten lokken met een demarrage uit het peloton. Het avontuurtje leek hem niets op te leveren, hij werd weer ingelopen en had alleen zichzelf ermee gehad.

Nodeloze energieverspilling, zo leek het.

Als een regenworm een stukje van zijn lijf kwijtraakt, voorzie je een spoedige dood van het beestje. Maar van binnen blijft het levensvuur kennelijk branden in zo'n snotterig slangetje. Dan maar gekortwiekt — verder kruipen zal het beestje.

Mathieu van der Poel laat zich niet inperken. Het geloof in eigen kunnen is extreem. Deze jongeman weet beter dan zijn coach, beter dan journalisten, beter dan opa Poupou en vader Adrie wat er voor exceptioneels in zijn borstkas huist.

Mathieu van der Poel laat zich niet inperken. Het geloof in eigen kunnen is extreem.

Het is niet uit te leggen en maar voor een deel te meten via computers. Het is iets nieuws, iets onbenoembaars nog. De andere renners gaan vertwijfeld bij zichzelf te rade: 'Wat heeft Van der Poel wat ik niet heb?'

Zoveel kracht en herstellingsvermogen hebben, dat duidt op talent, op lichamelijk surplus en op de juiste genen. Na dit wielervoorjaar, na de uitbarsting van kracht, recuperatievermogen en koersinzicht in Zuid-Limburg, is de enige constatering dat Mathieu van der Poel een nieuw niveau heeft bereikt in het wielrennen.

Zoals een sprinter eindelijk onder de tien seconden finishte.

Zoals een verspringer verder kwam dan acht meter.

Maar laat ik mezelf intomen, het is allemaal nog zo vers en nieuw. Wat is het? Waar eindigt dit?

Mathieu van der Poel zelf blijft nederig en bescheiden. Wars van borstklopperij. Hij is innemend voor zijn collega's in het peloton, nuchter tegen journalisten.

Op zijn rug liggend, de voeten tegen het frame van zijn gevallen fiets, hapte hij na afloop op het warme asfalt naar adem en greep naar zijn hoofd. Eerst leek het of hij zich had bezeerd, maar het bleek ongeloof. Hij kon het allemaal niet begrijpen en lag daar maar.

Even zag ik de eenzaamheid van de snelle roem in zijn foetushouding.

Tien minuten later zat hij kalm op een soort Sinterklaasstoel in een tentje achter de finish. Heerser in het voorjaar. Terwijl hij appjes op zijn mobieltje las, bungelde het oortje tegen het kruis van zijn witte koersbroek.

Mathieu van der Poel ging staan en ontblootte zijn spierwitte torso. Met een washandje gleed hij heen en weer over de ribben, als de hand van een jongetje over een speelgoedxylofoon.

Zo jong, zo dartel nog en al zo buitenaards goed.

Cruijff helpt Ajax nog één keer

Het voelt als de stilte voor de storm; nog luttele uren en Ajax speelt uit in de halve finale van de Champions League tegen de Spurs. In binnen- en buitenland roept het spel herinneringen op aan het Ajax van vroeger. Het Ajax van Louis van Gaal, het Ajax van Rinus Michels. Met daaroverheen de slagschaduw van Johan Cruijff.

In het eredivisieloze weekend trok ik een groot interview uit mijn archief dat ik in 2004 samen met collega Wim de Jong maakte met Cruijff. Misschien kunnen een paar aardige overdenkingen van de meester helpen om de blik op het elftal van nu te verruimen, in zowel lyrische als in ontnuchterende zin.

Zeg het maar, Johan.

'Lopen, daar zit het grootste probleem. Want iedereen loopt iedereen in de weg. Je hoort wel eens: hij moet meer vrijlopen. Maar als je negen man hebt die allemaal vrij willen lopen, lopen ze maar door elkaar en daar heb je niks aan. Je moet weten waar je naartoe loopt.'

Dat is goed aan het Ajax van nu; niemand loopt zomaar wat. Er lijkt vaak een gemeenschappelijk plan te zijn. In de wedstrijd tegen Juventus liep het gros van de Ajacieden op een gegeven moment (*En un momento dado*, sic) in driehoekjes naar voren. De bal ging moeiteloos van de ene naar de andere voet.

Lopen zoals Cruijff het wilde.

Ga door, Johan.

'Een kind is natuurlijk heel praktisch, hè. Wij kunnen wel zeggen dat ze stom zijn, maar ze zijn praktischer als wij. Wij lopen nog wel eens tien keer tegen een deur op maar hun niet hoor. Als ze de bal links niet weg krijgen, gaan ze gewoon met rechts schieten.'

Waarmee gezegd is dat een kind van de geboorte af in principe tweebenig is, als het moet. Het huidige kind van Ajax is een grote meneer in Europa. Frenkie de Jong is een schaker. Hij denkt een paar stappen vooruit en zijn benen volgen de ideeën uit dat jeugdige koppie. Gaat het niet linksom, dan rechtsom – slagen zal zijn plannetje.

Johan, nog eentje dan?

'Je moet nooit doen wat iemand zegt. Je moet altijd je eigen beslissingen nemen.'

Zo, dat komt even hard aan. Is het zo dat Erik ten Hag cum suis met hun patronen en tactiek de spelers in een wurggreep hebben? Dat zal op de training misschien zo zijn, ja. En natuurlijk, het is als team fijn om te weten wie een penalty (Tadic) of een vrije trap (Schöne) neemt en welke Ajacied het kratje bidons bewaakt (Dolberg).

Maar, in het gedachtegoed van Cruijff maakt iedere speler zelf uit wat hij doet. Daarmee is voetbal een aaneenrijging van persoonlijke fantasieën, kracht, wil, probeersels en fouten. Je volledig vrij voelen in die ingewikkelde, razendsnel veranderende arena, dat is de klasse van het huidige Ajax.

Nog een laatste tip Johan, zo vlak voor de Spurs.

'Als de tegenpartij goed is in corners, dan moet je zorgen dat je geen corners tegen krijgt!'

Never Walk Alone

Georginio Wijnaldum kwam met zijn rolkoffertje te laat aan op het vliegveld van Liverpool. Het weer was slecht. Op z'n Brits. Hoezeer hij zich ook haastte, zijn vlucht ging hij niet meer halen.

Wat nu?

Gini had bij zijn Engelse club hemel en aarde bewogen om er één avondje tussenuit te mogen piepen; in Rotterdam zou zijn oude trainer, zijn vertrouweling Willem van Hanegem zijn vijfenzeventigste verjaardag vieren. Wijnaldum zou als verrassing het podium van een uitverkochte Doelen opwandelen.

Er werd wat gebeld en gedaan op de luchthaven van Liverpool. Als Wijnaldum wilde kon hij met een klein privévliegtuigje mee naar Rotterdam. Toen hij het toestel zag, wilde hij niet instappen. Het deed hem denken aan het vliegtuigje waarmee Emiliano Sala (28), de speler van Cardiff City, omkwam bij de crash boven Het Kanaal. Wijnaldum wachtte liever op een volgende, reguliere vlucht.

Met flinke vertraging kwam hij aan op Zestienhoven (ik weiger het nog altijd Rotterdam The Hague Airport te noemen). Enigszins gaar van het hangen en wachten, liep de voetballer de aankomsthal in.

Aanvankelijk wilde hij nog even langs zijn huis in Rotterdam om zich op te knappen, maar nee, dan zou hij te laat in de Doelen komen. Hij keek naar het witte overhemd met kort boordje dat hij aanhad.

Kreukels.

Zo kon hij niet opkomen voor 1500 uitzinnige Willem-fans. Wijnaldum en zijn manager vroegen aan het personeel op de luchthaven of ze konden helpen. Iedereen sprong overeind. Wijnaldum is een kind van Rotterdam, een jongen die van Feyenoord via PSV de internationale sprong naar de top maakte en nu in de basis stond bij Liverpool dat hoge ogen gooide in de Champions League.

Hij werd apart genomen in een ruimte van de luchthaven. En kijk, er stond een strijkplank met strijkijzer klaar. Zorgvuldig werd zijn verfrommelde overhemd gladgestreken. Het linnen was nog warm toen hij het weer aantrok en in allerijl naar de artiesteningang van De Doelen werd gereden.

Wijnaldum was op tijd.

De mond van Willem van Hanegem viel open en de ogen werden vochtig toen hij Wijnaldum in dat strakke shirt vanuit de donkere coulissen het podium zag oplopen.

Een omhelzing, als vader en zoon. Het heen-en-weertje vanuit Liverpool was een gebaar van trouw, omdat Van Hanegem de middenvelder bij moeilijke momenten in zijn carrière belangrijke zetjes in de goede richting had gegeven.

Naderhand liep de dirigentenkamer van De Doelen – normaal het privéterrein voor grote muzikale leiders van een orkest – vol met gasten die Willem de hand wilden schudden. In de luwte stond Wijnaldum met een grote glimlach op het gezicht tussen vrienden, familieleden en oud-Feyenoordspelers.

Ik bedankte hem voor zijn komst naar Rotterdam.

'Weet je nog dat je als aanvoerder van Feyenoord te

gast was in *Holland Sport* en mij een Feyenoord-shirt cadeau gaf?'

Daar was de ontwapende lach weer. Ja, hij wist het nog. 'Volgens mij was het zelfs je laatste uitzending. Achterop het shirt stond De Jong, toch?'

'Klopt. Rugnummer 10. Met dat shirt onder een zwart pak ben ik na het kampioenschap in de fontein van het Hofplein gesprongen.'

Nog een keer die lach, die lieve streepjes van ogen. Bij gemeenschappelijke clubliefde doen de afstanden niet meer ter zake. Je hebt hetzelfde DNA van de club. Het bindt. *You'll never walk alone*.

Drie maanden later komt het stoom uit de oren van Giorginio Wijnaldum. Waarom hij? Waarom moet uitgerekend hij op de bank zitten als zijn Liverpool in de halve finale van de Champions League tegen Barcelona de 3-0 van de uitwedstrijd moet zien weg te poetsen?

Woedend is hij op trainer Jürgen Klopp, maar hij laat het niet merken en kijkt als reserve naar het duel.

Door een blessure van een medespeler moet Wijnaldum warmlopen. Langs de zijlijn krijgt hij een paar laatste instructies. De assistent-trainer slaat Wijnaldum hard op zijn borst. Of zijn hart nog een extra stroomstoot meekrijgt.

Vol overgave raast Wijnaldum over het veld. Gretig, fel, sierlijk. Het staat 1-0 en Liverpool zet alles op alles.

Een schot in de 54ste minuut, een kopbal in 56ste. Wijnaldum scoort twee keer tegen Barcelona. De supporters in het stadion aan Anfield Road kunnen het niet geloven.

Het staat 3-0.

Het kan nog, het kan nog.

Het ongelooflijke wordt waarheid: 4-0.

Liverpool gaat naar de finale.

Op de tribune veranderen stoere mannentronies in huilende kindergezichtjes. Rode clubsjaals gaan boven de hoofden en vormen één lang lint, van supporter naar supporter. Liverpool is hun club, hun stad, hun trots, hun grote liefde. Ze zingen de hele wereld bij elkaar: *You'll never walk alone*.

Wijnaldum heeft in de buurt bij de cornervlag een plekje voor zichzelf gevonden. Hij schreeuwt het uit. Buiten zinnen. Gelovig als hij is, spreidt hij zijn handen richting de hemel en buigt dan nederig voorover. Zijn gespierde schouders schemeren door het strakke, bloedrode shirt. Ik zie rugnummer 5 en lees eronder zijn omgekeerde naam in hoofdletters: WIJNALDUM.

Het doet nog steeds zeer

Het kweken van eelt heeft tijd nodig. Daar kwam ik achter toen ik de Ajax-fans onder mijn vrienden tegenkwam. Er lag maar een flinterdun vliesje over hun ziel. Eén zucht uit mijn mond en het leek al te scheuren.

Een radio-collega deed de handen voor zijn oren toen ik op hem afliep. Het Verlies was al twee dagen oud, maar de man wilde er eigenlijk nog steeds met niemand over praten.

Of er in mijn geboortestad Rotterdam was gejuicht voor de Spurs?

Er is een verschil tussen haat en rivaliteit, probeerde ik mijn vrienden uit te leggen. Haat haalt het slechtste in een mens boven, daar is niemand bij gebaat. En rivaliteit heeft zo z'n scherpe kanten, maar nooit zo dat je elkaar alles misgunt. Ja, ik gunde Ajax die finaleplaats en natuurlijk werd Ajax terecht kampioen.

De jeuk die je voelt als je een kort gemaaid grasveld ziet. Dat droge plofje bij een lange pass. Het snelle tikken tijdens een driehoekje tussen spelers. Een bal door de benen schuiven. Dat spelplezier had Ajax dit seizoen in overvloed.

Terwijl Utrecht in de Arena werd weggespeeld, bladerde ik terug in mijn opschrijfboekje. Even gluren naar de notities bij de halve finale van de Champions League.

Eriksen ziet landgenoot Dolberg vlak voor aanvang en kijkt van: 'Hè, spéél jij?' De Ligt en zijn granieten voorhoofd. De blote tepels van Ziyech na een schot op de paal. Zenuwachtige fan zuigt op amulet. Pochettino spuugt kauwgummetje uit.

Toen kwam de klap, de dreun, de mokerslag.

Wilde krassen van mijn vulpen. 'Drie lijken in gras. Televisieverslag: het glipt weg, het glipt weg, het is weg. Bij Frenkie staat een trek op zijn gezicht die doet vermoeden dat hij in één wedstrijd een jaar ouder is geworden. Op kale achterhoofd van Ten Hag zit rood scheervlekje.'

Er viel ook een onbedoelde grap die avond, lees ik terug in mijn schriftje. Van Gaal die zich in een naam verslikt en zegt: 'Onano speelde een wereldwedstrijd.'

Na de halve finale was er geen plaats voor humor. Ik probeerde het bij een Amsterdamse vriend: hadden die Ajacieden die zo lang bleven liggen terwijl er nog een minuut te spelen was geen gele kaart moeten hebben voor spelbederf? En zag je Tadic rommelen, bij die cornervlag? Tegenover me zag ik een asgrauwe kop.

Hielp het als ik vertelde dat in Rotterdam achttien competitiejaren lang een bombardement aan hoon over de stad was uitgestort? Nee, dat hielp niet.

Sport deed zeer.

Zelfs het officieuze kampioenschap bevrijdde veel Ajacieden nog niet van Het Verlies. Ten Hag: 'We vieren het als het écht binnen is. Maar dit mag gewoon niet verkeerd gaan.' Dit mag niet verkeerd gaan? Ajax staat drie punten en veertien doelpunten voor. Zelfs het vertrouwen van de kalme coach heeft een deukje opgelopen.

Mijn vrienden zullen op het Museumplein staan voor het kampioensfeest. Elkaar aaien, veel klappen voor het team, dan begint het eelt misschien langzaam te groeien.

Tik-tak, tik-tak!

De botten van Garrincha zijn zoek. Tien jaar geleden moest het familiegraf op het kerkhof Raiz da Serra in zijn geboortedorp Pau Grande open voor het begraven van een dode neef. Vermoedelijk heeft iemand toen de overblijfselen van de beroemde Braziliaanse buitenspeler meegenomen.

De botten jatten van Garrincha?

Ach, waarom ook niet? Sinds Salvador Dalí is opgegraven voor DNA-onderzoek en de lijkschouwer meldde dat de lange puntjes van de beroemde snor nog altijd op tien over tien stonden, kijk ik nergens meer van op.

De dood is het nieuwe leven.

Ik heb me uren vergaapt aan oude filmpjes en foto's van de voetballende Garrincha, voornamelijk in zwart-wit. Er gaan honderden verhalen over de man – ze noemden hem van kinds af aan 'Vogeltje,' hij passeerde zijn tegenstanders met speels gemak en daarna het liefst nog een keer, een fles rum was zijn trouwste vriend, zijn zaad zwom sneller dan een school forellen, zijn lijkkist werd rondgereden op een brandweerwagen – maar ik zocht op de beelden alleen maar naar het aangeboren lengteverschil tussen zijn linker- en rechterbeen: zes centimeter.

Als ik één hak verlies van een schoen, loop ik meteen als een kreupele door de stad.

Tik-tak. Tik-tak.

Ik ben *out of swing*, strompel tevergeefs achter het gewenste ritme aan. Na korte tijd speelt mijn rug op, dan knie en enkel.

Ongelijk, dat woord heeft een slecht imago. In de pas lopen, is het devies. Alles moet in rijtjes, op stapels, volgens een vast patroon. We verzinnen regels om alles ordelijk te laten verlopen; we kijken naar een klok en verdomme, die moet goed lopen. Een ongelijke klok kan bij het grootvuil.

Garrincha is de verbeelding van onzichtbaar ongelijk. Als gevolg van kinderverlamming en ondervoeding had hij een scheefgegroeide wervelkolom en twee verschillende benen; links was korter dan rechts en rechts was ook nog eens krom.

Hoe ongelijk wil je het hebben?

Ondanks zijn aangeboren handicap wilde Garrincha voetballen. Hij slaagde met glans. De bal was zijn redding. Het ongelijk in zijn benen werd opgeheven. Hoe vaak ik ook kijk naar zijn acties, nooit zie ik die zes centimeter verschil. De spieren, de voeten, zijn heup en ruggenwervels hebben het ongemak onderling, met elkaar, opgelost. Binnen in dat slangenlijf is het ongemak gemaskeerd.

De aangeboren tik-tak, tik-tak van Garrincha was tijdens zijn rushes op het veld niet zichtbaar. Vloeiend was zijn passeerbeweging, hoog zijn snelheid als hij op het laatste moment de bal over de uitgestoken voet van een verdediger wipte en aan een rush naar het doel begon.

Op internet worden bewegende beelden van Garrincha – en sowieso van al het voetbal van Brazilianen – vaak voorzien van clichématige muziek. Het is samba voor, samba na. Snelle ritmes die uiteindelijk moeten leiden naar fantasieën over soepele heup- en borstbewegingen die ons aan carnaval in Rio de Janeiro doen denken.

Braziliaanse voetballers – zelfs als ze zich als een ongeschuurde plank over het veld bewegen – krijgen altijd het stempel van de swingende sambavoetballer: het afgekloven nummer *Brasil* wordt gedraaid bij één handige passeerbeweging en wij Europeanen staan als horken mee te dansen.

Alsof de bewegingen van Johan Cruijff alleen maar zouden gedijen met het gejengel uit een Amsterdams draaiorgel.

Een grootheid als Garrincha verdient een muzikale vriend die hem bij de hand neemt. Iemand met dezelfde uitzonderlijke gaven; briljant, onbegrepen en onconventioneel.

Mijn vingertoppen wandelden langs de kartonnen ruggen van mijn duizenden platen. Ik hou vanaf mijn zestiende van instrumentale muziek, voornamelijk van jazz. Zonder zang, zonder tekst, dat is lekker; het activeert je hersenen, je wordt gedwongen een eigen 'verhaal' te maken.

Mijn wijsvinger hield stil bij de naam Monk. Thelonious Monk. 'The High priest of Bop.' Ja, dit was de muzikale evenknie van Garrincha.

Monk is een Amerikaanse jazzpianist. En een zeer ongewone.

Er gaan honderden verhalen over de man – dat hij heel lang bij zijn moeder bleef wonen, 's nachts nauwelijks sliep, dol was op gebakken kippenlever, het liefst rondliep met een fez en een bril zonder glazen en alle partijtjes pingpong van zijn medemusici won, barones Pannonica 'Nica' de Koenigswarter reed hem in een zilverkleurige Bentley naar zijn *gigs* op Manhattan — maar ik luister vooral naar de ideeën die uit zijn handen vloeien.

Zijn aanslag is hard en ongepolijst en zijn wandelingen over de toetsen grillig. Als hij even geen idee heeft, houdt hij zijn vingers stil.

Neemt een denkpauze.

Dan opeens plant hij zijn vinger, vanuit stilstand, pang!, op een toets en de weg naar een nieuwe noot, een volgend akkoord is weer vrij.

Jarenlang speelde Garrincha bij de club Botafogo. Al sinds 1891 speelt de club uit Rio in hetzelfde shirt. Verticale strepen, in zwart en wit. Met een beetje goede wil kun je er het toetsenbord van een piano in zien.

Tijdens een oefenwedstrijd van Botafogo werd Garrincha vanaf de kant gefilmd. De bal ligt op een halve meter stil voor zijn voeten.

De verdediger wacht, bang als hij is voor de onvoorspelbare bewegingen van zijn tegenstander.

Garrincha doet niets.

Het filmpje lijkt op een foto. Een bevroren scène op het veld.

Een denkpauze.

Vanuit het niets maakt Garrincha een dansachtige schijnbeweging over de bal.

Dan weer even niets.

Een tel rust.

Het raderwerk in het hoofd van Garrincha draait op volle toeren.

Hij ziet zo veel mogelijkheden voor zich, dat hij even wacht met kiezen, net als de vingers van Monk die even boven de toetsen hangen.

Hoe rammelden de botten van de Braziliaanse aanvaller op en neer, heen en weer, hoe bleven de spieren alles coördineren in dat manke lichaam? Het is onbegrijpelijk, onmogelijk zelfs en toch; Garrincha voetbalt zo vrij als – *excusez* – een vogeltje.

Laat ik er maar van uitgaan dat Monk (1917-1982) en Garrincha (1933-1983) elkaar nooit ontmoet hebben, hoewel het had gekund; de mannen waren min of meer generatiegenoten. Monk werd thuis in New Jersey gevonden door collega-pianist Barry Harris en bleef nog twaalf dagen in coma voor hij werd begraven op Ferncliff Cemetery in Hartsdale, New York: de tingelende vingers van Monk waren definitief stilgevallen.

'*You know what's the loudest noise in the world, man? The loudest noise in the world is silence*,' zei Monk ooit.

Het kabaal tijdens de begrafenis van Garrincha was oorverdovend. Duizenden mensen keken toe hoe de kist op een brandweerauto werd rondgereden. Op de graven en paden van het kerkhof stond het vol met fans. De kist werd boven de hoofden doorgegeven. Ze zongen, klapten in hun handen en strooiden gras rond het graf in Pau Grande.

Ik pak een plaat van Monk uit 1961 op het label Jazzland en luister naar het uptempo nummer *Trinkle Tinkle*. Bokkesprongen op de pianotoetsen worden afgewisseld met vloeiende lijnen. Daar gaat Garrincha; bal aan de voet, onverwacht stoppen, weer door, nog eens stoppen, schijnbeweging en dan op hoge snelheid naar het doel.

In jazz en sport draait alles om timing: Wanneer doe je iets en wanneer juist niet?

Stop-motion.

Beweging versus rust.

Timing is niet aan te leren. Bij Monk en Garrincha was het aangeboren. De jazzpianist en de dribbelaar hebben tot aan het laatst van hun carrière iets kinderlijks behouden.

Het was spelen, spelen en nog eens spelen.

Tot de dood erop volgde.

Verantwoording

De columns verschenen in NRC *Handelsblad* tussen augustus 2017 en mei 2019.

De verhalen 'Daaf met de Losse Handjes', 'Het blikken sukkeltje', 'Moulijn en Keizer in een roeiboot', 'Zo wendbaar als een eekhoorn', 'We werden mannen', 'Een rondje vliegen met Amy' en 'Tik-tak, tik-tak!' verschenen eerder in het voetbalblad *Santos Magazine*.

'Never Walk Alone' en 'Ik ben een vrouw. Punt.' zijn speciaal voor deze uitgave geschreven.

Inhoud

Van Wilfried de Jong verschenen eerder:
Aal
De linkerbil van Bettini
De man en zijn fiets
Kop in de wind
Solo
Zweefduik
Salto